De Língua a Língua

Souleymane Bachir Diagne nasceu no Senegal em 1955. Estudou na École Normale Supérieure e na Sorbonne, em Paris. Depois de lecionar filosofia durante cerca de vinte anos na Universidade Cheikh Anta Diop, em Dacar, e posteriormente na Universidade Northwestern, em Evanston, exerce hoje o cargo de professor nos Departamentos de Estudos Francófonos e de Filosofia da Universidade Columbia, em Nova York. Seus trabalhos inserem-se nos domínios da história da lógica e da filosofia, especialmente no mundo islâmico e na África. É autor, entre outras obras, de *Bergson pós-colonial: O elã vital no pensamento de Léopold Sédar Senghor e Muhammad Iqbal*, publicada no Brasil em 2018, e *Le Fagot de ma mémoire* (2021).

Souleymane Bachir Diagne

De Língua a Língua
A hospitalidade da tradução

Tradução
HENRIQUE PROVINZANO AMARAL
E THIAGO MATTOS

Esta obra foi publicada originalmente em francês com o título
DE LANGUE À LANGUE: L'HOSPITALITÉ DE LA TRADUCTION, por Éditions Albin Michel.
© 2022, Éditions Albin Michel, Paris.
© 2025, Editora WMF Martins Fontes Ltda., São Paulo, para a presente edição.

Cet ouvrage, publié dans le cadre du Programme d'Aide à la Publication 2024 Atlantique Noir de l'Ambassade de France au Brésil et de la Saison France-Brésil 2025, bénéficie du soutien des Programmes d'Aide à la Publication de l'Institut Français ainsi que du soutien du Ministère de l'Europe et des Affaires Étrangères.

Este livro, publicado no âmbito do Programa de Apoio à Publicação 2024 Atlântico Negro da Embaixada da França no Brasil e da Temporada Brasil França 2025, contou com o apoio à publicação do Institut Français assim como com o apoio do Ministério da Europa e das Relações Exteriores.

Todos os direitos reservados. Este livro não pode ser reproduzido, no todo ou em parte, armazenado em sistemas eletrônicos recuperáveis nem transmitido por nenhuma forma ou meio eletrônico, mecânico ou outros, sem a prévia autorização por escrito do editor.

1ª edição 2025

Editores	*Pedro Taam e Alexandre Carrasco*
Tradução	*Henrique Provinzano Amaral e Thiago Mattos*
Acompanhamento editorial	*Rogério Trentini*
Revisão da tradução	*Pedro Taam*
Preparação de textos	*Rogério Trentini*
Revisões	*Ana Caperuto e Marise Simões Leal*
Produção gráfica	*Geraldo Alves*
Paginação	*Renato Carbone*
Capa	*Katia Harumi Terasaka Aniya*

Dados Internacionais de Catalogação na Publicação (CIP)
(Câmara Brasileira do Livro, SP, Brasil)

Diagne, Souleymane Bachir.
De língua a língua : a hospitalidade da tradução / Souleymane Bachir Diagne ; tradução Henrique Provinzano Amaral e Thiago Mattos. – São Paulo : Editora WMF Martins Fontes, 2025. – (Métodos)

Título original: De langue à langue : l'hospitalité de la traduction
Bibliografia.
ISBN 978-85-469-0749-6

1. Tradução 2. Tradução e interpretação – Filosofia I. Título. II. Série.

25-270044   CDD-418.02

Índice para catálogo sistemático:
1. Tradução : Linguística   418.02

Cibele Maria Dias – Bibliotecária – CRB-8/9427

Todos os direitos desta edição reservados à
Editora WMF Martins Fontes Ltda.
Rua Prof. Laerte Ramos de Carvalho, 133 01325.030 São Paulo SP Brasil
Tel. (11) 3293.8150 e-mail: info@wmfmartinsfontes.com.br
http://www.wmfmartinsfontes.com.br

Para compreender o outro, não devemos anexá-lo,
mas nos tornar hospitaleiros.

Louis Massignon

SUMÁRIO

Apresentação IX
Prefácio à edição brasileira XXIII

Introdução: A tradução contra a dominação 1
1. O linguista, o nativo e o extraterrestre 9
2. O atravessador e o tradutor 33
3. Translações da arte clássica africana 55
4. O filósofo como tradutor 73
5. Traduzir a palavra de Deus 93
Conclusão: A língua das línguas 109

Agradecimentos 115
Lista de obras citadas 117

APRESENTAÇÃO
SOULEYMANE BACHIR DIAGNE: DE LÍNGUA A LÍNGUA, DE SABER EM SABER

> O trabalho de tradução é uma das respostas às consequências da dominação linguística. Sua ética da reciprocidade também é uma dimensão do combate político contra a desigualdade.
>
> SOULEYMANE BACHIR DIAGNE

Ainda pouco conhecido no Brasil, Souleymane Bachir Diagne é um dos mais proeminentes pensadores africanos da atualidade. Nascido em 1955 em Saint-Louis, Senegal, trilhou um caminho habitual entre jovens estudantes talentosos das antigas colônias francesas, indo dos melhores colégios locais às grandes escolas parisienses; nesse caso, do liceu Van Vollenhoven, de Dacar, ao Louis-le-Grand, de Paris, onde se preparou para o subsequente ingresso na Sorbonne. Já realizado décadas antes por seu conterrâneo Léopold Sédar Senghor – poeta do movimento da Negritude e primeiro presidente do Senegal, a quem Diagne dedicou vários de seus escritos, incluindo seu primeiro livro traduzido em português[1] –, esse percurso estudantil marca a formação de intelectuais negros francófonos em meio às descolonizações

---

1. Souleymane Bachir Diagne, *Bergson pós-colonial: O elã vital no pensamento de Léopold Sédar Senghor e Muhammad Iqbal*. Trad. Cleber Daniel Lambert da Silva. Florianópolis: Cultura e Barbárie, 2018. Vale mencionar também o artigo "A negritude como movimento e como devir". Trad. Cleber Daniel Lambert da Silva. *Ensaios Filosóficos*, vol. XV, jul. 2017.

ocorridas ao longo do século XX. Representante da geração de pensadores que emergiu após a independência do Senegal (1960) e um dos primeiros de seu país a ingressar na École Normale Supérieure, Diagne não limita sua atuação, contudo, às instituições de ensino francesas, lecionando na Université Cheikh Anta Diop, em seu país natal, e na Columbia University, nos Estados Unidos. Assim, sua prática profissional dá mostras de uma circulação transatlântica que reflete seus múltiplos focos de interesse e sua fluência através de diversas línguas e tradições culturais, religiosas e de pensamento. Tendo escrito uma extensa obra em torno de temas como história da lógica e da matemática, história da filosofia africana e filosofia islâmica, é significativo que o prosseguimento de sua recepção no Brasil passe justamente pela reflexão sobre a tradução, tema deste *De língua a língua: A hospitalidade da tradução*, originalmente publicado na França em 2022.

Não que a tradução, quer como atividade prática, quer como questão teórica, estivesse fora do vasto campo de interesses pregresso de Diagne. Prova disso é, no primeiro caso, a publicação, já em 1992, de uma tradução sua para o francês de *An Investigation of the Laws of Thought* [Uma investigação das leis do pensamento][2], do matemático e filósofo britânico George Boole, obra que dialoga com seu livro *Boole, l'oiseau de nuit en plein jour* [Boole, o pássaro da noite em pleno dia][3]. No segundo caso, isto é, no que diz respeito à tradução investigada do ponto de vista teórico, Diagne já havia manifestado seu interesse pelo tema, por exemplo, no ensaio "Traduzir na presença

---

2. George Boole, *Les Lois de la pensée*. Trad., introd. e notas Souleymane Bachir Diagne. Paris: Vrin, 1992.

3. Souleymane Bachir Diagne, *Boole, l'oiseau de nuit en plein jour*. Paris: Belin, 1989.

APRESENTAÇÃO XI

de todas as línguas do mundo"[4], no qual estabelece um diálogo profícuo com o pensador e escritor martinicano Édouard Glissant, o qual, entre diversos outros pontos de contato, partilha com o senegalês o interesse teórico pela tradução.

Esse percurso tampouco é inabitual. A começar pelo paradigmático ensaio "A tarefa do tradutor", de Walter Benjamin, a partir de meados do século XX são muitos os intelectuais que, tendo ou não efetivado a prática tradutória propriamente dita, concederam um lugar privilegiado à reflexão sobre a tradução em suas obras: para ficar apenas entre os mencionados neste livro, podemos citar Umberto Eco, George Steiner, Paul Ricœur, Jacques Derrida, Barbara Cassin... Se o movimento não é novo, cabe entender, no caso de Diagne, para onde ele aponta, e uma pista nessa direção está justamente na relação que o autor estabelece com Glissant, outro intelectual negro cuja obra reflete sobre o contexto pós-colonial. Embora não seja explicitado neste *De língua a língua* – apenas mencionado no prefácio escrito especialmente para esta edição –, tal diálogo teórico e as ideias que daí decorrem entram na órbita do ímpeto brasileiro contemporâneo de buscar outras formas de pensar as línguas e linguagens, as identidades e – por que não? – a tradução, busca essa em que as matrizes africanas e afrodiaspóricas têm encontrado, com justiça, um lugar de destaque.

Em "Traduzir na presença de todas as línguas do mundo", Diagne ressalta a necessidade fulcral, para pensar a tradução hoje, daquilo que Glissant chama de mul-

---

4. *Id.*, "Traduire en présence de toutes les langues du monde", in François Noudelmann, Françoise Simasotchi-Bronès e Yann Toma (orgs.), *Archipels Glissant*. Vincennes: Presses Universitaires de Vincennes, 2020, pp. 31-9.

tilinguismo, noção que não se confunde com o plurilinguismo, isto é, com o mero conhecimento ou prática de múltiplas línguas. Consistindo, diferentemente disso, na copresença contemporânea da totalidade das línguas do mundo, o multilinguismo é o que faz da tradução, nas palavras do martinicano, "uma das artes futuras das mais importantes"[5]. Para Diagne, o multilinguismo é o que sustenta o caráter insubstituível da tradução na atualidade e justifica a necessidade de fazer o "elogio da tradução e dos tradutores, contra a ideia de língua de comunicação universal, que seria uma espécie de língua das línguas"[6].

Em outro de seus ensaios esparsos, "Pensar o universal com Étienne Balibar"[7], o autor aprofunda a crítica a um universalismo falsamente universal (que equivale, no mais das vezes, à imposição de valores eurocentrados), aliando-a à necessidade de afirmação de um pensamento decolonial e ao primado do multilinguismo. Dessa tríade decorre, quase naturalmente, o propósito de dedicar todo um livro à tradução entendida não como mera transferência entre dois códigos linguísticos redutíveis a outros códigos, mas como uma operação que se dá sempre de língua a língua, sem passar "pela mediação de uma linguagem pura" (p. 16). É na especificidade do movimento feito por cada língua em direção a cada língua, na presença de todas as outras línguas do mundo, que residiria a atenção a um universal que é "aquele rico de todo o particular, rico de todas as particularidades, aprofundamento e coexistência de todos os particulares",

---

5. Édouard Glissant, *Introdução a uma poética da diversidade*. Trad. Enilce do Carmo Albergaria Rocha. Juiz de Fora: Editora UFJF, p. 55.

6. S. B. Diagne, art. cit., 2020, p. 33.

7. *Id.*, "Penser l'universel avec Étienne Balibar", *Raison Publique*, Presses Universitaires de Rennes, vol. 2, n. 19, 2014, pp. 15-21.

APRESENTAÇÃO XIII

conforme a expressão de Aimé Césaire citada por Diagne[8]. E é somente esse tipo de universal que conviria à busca por uma "ética da tradução, cujo sentido é *fazer humanidade juntos*" (p. 29), busca levada a cabo neste *De língua a língua*.

O teor do livro é explicitado já na introdução:

> Este livro apresenta uma reflexão sobre a tradução e sua capacidade, seu poder de criar uma relação de equivalência, de reciprocidade entre as identidades, de fazê-las comparecer, isto é, aparecer juntas em pé de igualdade, de modo que possamos dialogar e nos compreender de língua a língua. Como escreveu Antoine Berman, a tradução nada mais é do que "estabelecimento de relação". Este livro pretende ser, portanto, um "elogio da tradução" e um convite a reconhecê-la como um "humanismo", expondo uma visão otimista do que ela é capaz de realizar. (pp. 4-5)

Sem se furtar à premente questão das identidades linguístico-culturais e suas implicações nas práticas tradutórias, Diagne não defende nenhuma forma de crispação identitária que desemboque na produção de uma impossibilidade de traduzir, posição não tão rara no debate contemporâneo[9]. Em lugar disso, o autor sustenta, a partir de uma teorização filosófica bem-vinda aos chamados Estudos da Tradução, o pressuposto da possibilidade de intercompreensão das línguas e, portanto, dos povos que "fazem humanidade juntos". Nesse sentido, ele se junta ao coro de autores que celebram as potencialidades poéticas, políticas e epistemológicas advindas das inúmeras formas atuais de relação entre povos e línguas, em meio

---

8. *Ibid.*, p. 16.
9. Ver, por exemplo, Tiphaine Samoyault, *Traduction et violence*. Paris: Seuil, 2020, pp. 145-6.

às quais ganha destaque uma visada humanista do fenômeno da migração, desenvolvida, entre outros, por Patrick Chamoiseau em seu ensaio *Frères migrants* [Irmãos migrantes][10].

Todavia, no disputado campo das reflexões teóricas e críticas sobre a tradução, esse não é absolutamente um lugar consensual, cujas premissas e implicações são aceitas *a priori*. Pelo contrário, é na procura de um ponto de equilíbrio em tal campo que se encontra uma das maiores contribuições deste volume.

De um lado, está claro que Diagne se propõe a refletir sobre a tradução a partir de um paradigma que poderíamos qualificar como decolonial, trazendo à tona uma grande variedade de autores, obras e referentes históricos, culturais e religiosos não europeus, ao mesmo tempo que extrai de ópticas eurocêntricas a visão sobre a tradução, mas também sobre as "categorias de pensamento e categorias de língua", expressão que toma ao linguista Émile Benveniste. Nesse sentido, é exemplar o capítulo "O filósofo como tradutor", em que, apoiado no trabalho do beninense Paulin Hountondji, reproblematiza os postulados benvenistianos acerca da língua *ewe* e de seu modo particular de exprimir a ontologia. Embora nem sempre a mencione, Diagne traz em seu gesto de releitura a contrapelo toda uma tradição de pensamento sobre as "línguas e linguagens"[11] que põe a ênfase sobre as assimetrias não inerentes, mas historicamente construídas entre elas. A consideração dessas assimetrias hierár-

---

10. Patrick Chamoiseau, *Frères migrants*. Paris: Seuil, 2017. Ver também o artigo de Véronique Bonnet "*Frères migrants*, de Patrick Chamoiseau: a intenção humanista". Trad. Henrique Provinzano Amaral e Thiago Mattos. *Criação & Crítica*, USP, n. 32, 2022, pp. 8-20.

11. Título de uma das conferências de Édouard Glissant sobre a tradução. In *op. cit.*, pp. 41-70.

APRESENTAÇÃO XV

quicas aponta, com grande frequência, para o fenômeno histórico do colonialismo – pensemos, por exemplo, na diglossia característica de tantas ex-colônias francesas –, bem como para outras formas de violência constitutivas de certos modos de traduzir e de conceber a tradução, objeto do recente estudo *Traduction et violence*, de Tiphaine Samoyault, referido na conclusão deste livro.

De outro lado, no trecho citado anteriormente e em diversos outros momentos, Diagne retoma a afirmação do tradutólogo francês Antoine Berman de que a tradução "é estabelecimento de relação, ou não é nada", enunciada ao início de *A prova do estrangeiro*[12] e retomada à guisa de definição operacional da tradução na conclusão deste *De língua a língua*. Se o pensamento que sustenta essa frase, tão reproduzida em trabalhos acadêmicos sobre o tema, inclui uma dimensão de combate ao que Berman chama de tradução etnocêntrica[13], ele não deixa de apresentar limites no que diz respeito à análise dos modos assimétricos – sobretudo nos contextos colonial e pós-colonial – pelos quais se efetua, muitas vezes, aquele estabelecimento de relação.

Sem pretender conciliá-las a qualquer custo, como fazer com que essas duas perspectivas dialoguem? A resposta do senegalês parece estar, novamente, num "elogio da tradução", tendo em vista que "elogiar a tradução não significa ignorar o fato de que ela é dominação. Significa celebrar a dimensão plural e igualitária das línguas" (p. 8). Esse propósito de celebração das línguas em sua dupla

---

12. Antoine Berman, *L'Épreuve de l'étranger. Culture et traduction dans l'Allemagne romantique*. Paris: Gallimard, 1984, p. 16.

13. Ver, por exemplo, *A tradução e a letra ou O albergue do longínquo*. Trad. Marie-Hélène Catherine Torres, Mauri Furlan e Andréia Guerini. Rio de Janeiro: 7 Letras/PGET, 2007.

condição de igualdade e pluralidade é outro *leitmotiv* deste volume, ajudando a compreender o modo particular como Diagne põe em relação vertentes teóricas que, por vezes, recaem na controvérsia pura e simples[14].

Daí também, talvez, a postura otimista da obra. Defendendo que "otimismo não significa ingenuidade" (p. 5), Diagne procede, ao longo dos cinco capítulos que a compõem, ao desenvolvimento de problemáticas tão variadas no espaço e no tempo quanto nas áreas do conhecimento e nos referenciais teórico-críticos que demandam. Do exame do pensamento do filósofo e matemático estadunidense Willard van Orman Quine à análise do papel do atravessador – ou *truchement* – nas empreitadas coloniais; da discussão sobre as vanguardas artísticas europeias em sua relação com obras da arte clássica africana à releitura crítica de um ensaio dos *Problemas de linguística geral*, de Benveniste, passando pelo debate sobre os modos de tradução (ou não) do Corão, são muitos os saberes mobilizados. Filosofia, matemática, história, antropologia, linguística, teologia, crítica cultural e teoria da tradução dialogam neste livro com rara erudição, dando provas de um trânsito fluido entre problemáticas que, à primeira vista, não aparentam ter muito em comum.

Tendo como pano de fundo a teorização desenvolvida ao longo do primeiro capítulo ("O linguista, o nativo e o extraterrestre"), acerca dos pressupostos (filosóficos, lógicos, linguísticos) que permitem, e mesmo exigem, essa operação que chamamos de tradução, Diagne renova, a todo momento, sua opção pela passagem de "uma *lógica* a uma *ética* da tradução" (p. 17), movimento que se torna

---

14. Ver as afirmações de Glissant, em entrevista a Luigia Pattano, sobre o pensamento de Antoine Berman. In "Traduzir a Relação das línguas: uma conversa com Édouard Glissant". Trad. Henrique Provinzano Amaral. *TradTerm*, USP, vol. 39, 2021, pp. 196-215.

APRESENTAÇÃO XVII

ainda mais significativo quando recordamos que a lógica é um dos domínios filosóficos que mais marcam sua trajetória de pensador. Na esteira da arguta retomada que faz do pensamento de Quine, Diagne se distancia de qualquer possibilidade, mesmo que especulativa, de admitir a existência de uma língua adâmica, pré-babélica, ou de uma linguagem pura. Em sentido inverso, o imperativo ético a que o autor responde está nesse princípio de pensar, radicalmente, de língua a língua, já que "a ideia de reconhecimento e de igualdade numa humanidade compartilhada [...] constitui o princípio da tradução" (p. 21).

E é justamente esse *princípio* que dá coesão ao volume, por meio de uma abordagem das problemáticas que, conquanto mergulhe fundo nelas, não deixa de voltar à tona, reiterando esse ponto de vista que as atravessa e alinhava. Isso é atestado com exatidão na transição entre o primeiro e o segundo ("O atravessador e o tradutor") capítulos:

> Afinal, trate-se da experiência antropológica de pensamento ou da ficção de uma tradução radical, a lição é a mesma: qualquer que seja a distância que separa as línguas, a tradução as põe em relação e as *compara*. Vamos agora analisar essa lição sob a lente da dominação colonial. (p. 31)

Esse breve excerto deixa claro que, para Diagne, assim como para alguns pensadores interessados pela chamada "tradução cultural"[15], pensar a tradução não se res-

---

15. Anthony Pym demonstra, naquilo que intitula o paradigma da tradução cultural, uma tendência de conceber a tradução de forma metafórica, isto é, de vê-la nos "modos como as culturas se inter-relacionam", e não nas traduções propriamente ditas. In *Explorando as teorias da tradução*. Trad. Rodrigo Borges de Faveri, Claudia Borges de Faveri e Juliana Steil. São Paulo: Perspectiva, 2017, p. 293.

tringe a estudar traduções propriamente ditas, ou seja, *grosso modo*, textos de chegada em relação com seus respectivos textos de partida. Assim como o multilinguismo não se limita a um único par de línguas, a perspectiva exercida aqui implica refletir sobre a tradução enquanto fenômeno amplo e complexo que pressupõe, mobiliza e influencia diferentes saberes humanísticos, contribuindo para uma visão menos segmentada destes e retomando a vocação interdisciplinar do tipo de conhecimento específico que advém de tal reflexão.

Nesse sentido, Diagne tampouco exclui de seu pensamento algumas traduções propriamente ditas, abordadas ao longo dos capítulos, mas as insere em um movimento expansível que as interroga, de língua a língua, de saber em saber, em cada um dos diversos contextos em que as problemáticas são estudadas. Desse ponto de vista, é inteiramente compreensível a aposta não na proliferação de "intraduzíveis" ligados a diferenças linguísticas, culturais ou identitárias tidas como irredutíveis, mas sim na produção de uma *hospitalidade da tradução*, já que "a resposta a uma tradução violenta é uma tradução hospitaleira" e "o remédio para a tradução violenta é a tradução, porque o remédio para a dispersão em clãs e tribos é a humanidade" (p. 112). Nesse aspecto, o pensamento de Diagne se aproxima daquele de Paul Ricœur – diga-se de passagem, outro dos admiradores de Antoine Berman –, para quem a "fraternidade universal"[16] passa, em boa medida, pela capacidade de enxergar que, apesar da multiplicidade e da dispersão das línguas humanas, existe a tradução.

Longe da lamentação de uma perda original, essa maneira de compreender a variedade das línguas como

---

16. Paul Ricœur, *Sobre a tradução*. Trad. e pref. Patrícia Lavelle. Belo Horizonte: Editora UFMG, 2011, p. 42.

APRESENTAÇÃO   XIX

rica possibilidade de produção da comunidade humana está diretamente associada a uma vertente de interpretação do mito de Babel como "a constatação sem condenação de uma separação originária"[17], ainda nas palavras de Ricœur. Eis aí outro dos pontos em que o francês e o senegalês convergem, até porque, conforme Diagne explica no capítulo "Traduzir a palavra de Deus",

> essa dispersão é apresentada no mito bíblico de Babel como o resultado do desmoronamento da torre construída pela *hybris* dos homens, o que também marcou o fim de uma humanidade una, conectada por uma única língua adâmica. No Corão não há esse mito de Babel, e nele a diferença dos clãs e das tribos é, ao contrário, o dado inicial. (pp. 112-3)

Em que pese o interesse dessa afirmação para uma tradição de pensamento sobre a tradução muito pautada pelo mito babélico e suas (re)interpretações, Diagne não se contenta em apontar a diferença mitológica, teológica e cultural, nem muito menos reivindica a substituição de uma tradição pela outra. Assim, ao explorar as ambiguidades e aporias do que constitui a relação do Corão com o que o autor intitula sua "tradução vertical" (a "descida" da palavra sagrada à língua árabe) e suas "traduções horizontais" para outras línguas vernáculas ao longo do processo de expansão da fé islâmica, situação bastante diversa da que ocorreu ao longo da tradição cristã, pontuada desde o início por uma predisposição à traduzibilidade e por traduções canônicas, Diagne não esquece o modo como o dito Ocidente reagiu ao que entendia – e, de certo modo, ainda entende – como a ameaça islâmica, justamente por meio da tradução.

---

17. *Ibid.*

A esse propósito, é significativa a referência a um episódio histórico de suma importância, ainda que pouco lembrado: a encomenda por Pedro, o Venerável, abade de Cluny, a uma equipe espanhola de tradutores para que traduzissem pela primeira vez o Corão ao latim. Finalizada em 1143 com o patente objetivo de demonstrar quão herético era o islã, essa tradução encarna o paradigma da violência, ao que Diagne conclui: "O que se opõe, assim, à tradução de execração de Pedro, o Venerável, são todas as traduções posteriores do Corão nos idiomas europeus, as quais buscaram a fidelidade movidas por uma verdadeira preocupação em conhecer o outro" (p. 112).

Na balança entre o desejo ou a necessidade de conhecer o outro e o risco de se sobrepor a ele, Diagne também encontra um ponto de equilíbrio notável, pois as referências e exemplos que mobiliza, assim como a pluralidade de temas que compõem esta obra, não demonstram nenhum exibicionismo por parte do intelectual que conhece a fundo a filosofia islâmica, nem sequer a tentação de criticar, de modo apressado ou gratuito, o pensamento ocidental cristão. O que o autor realiza é, pelo contrário, uma espécie de dupla releitura da tradição, na medida em que analisa, com o mesmo rigor, acontecimentos culturais, filosóficos e tradutórios associados às mais díspares camadas de pensamento ou epistemes, tendo como perspectiva a sobreposição destas em prol de um ideal humanista.

Esse aspecto também é patente no capítulo "Translações da arte clássica africana", no qual, sobre o pano de fundo da polêmica acerca da necessidade de devolução de objetos artísticos africanos a seus países de origem, Diagne apresenta uma das argumentações mais originais e incisivas do volume, afirmando:

> Utilizar os conceitos de *transplantação*, de *tradução* ou de *translação* não implica esquecer que, em muitos ca-

APRESENTAÇÃO XXI

sos, é a violência colonial que está na origem da transferência das obras para os museus etnográficos na Europa, onde elas foram durante muito tempo armazenadas como "curiosidades", ou até mesmo como "monstruosidades" etnográficas: "fetiches", como eram chamadas. Esses conceitos insistem no fato de que os objetos africanos não ficaram inertes nesses museus, mas se revelaram força de vida e de transformação; eles continuaram sendo vivazes, conforme indica a metáfora vegetal. E o conceito de tradução diz que sua vivacidade significou que eles descobriram como se hospedar em novas linguagens, tornando-se assim *mediadores* e fazendo com que seus tradutores também o fossem. (p. 58)

Relativizando a solução defendida pela maior parte das iniciativas de reparação histórica associadas à postura decolonial, Diagne enfatiza não a falta que as obras "transplantadas" para a Europa podem fazer aos museus africanos de hoje, mas seu caráter vivo e o fato de elas terem encontrado uma hospitalidade europeia, por meio das "traduções" de sua linguagem operadas pelas vanguardas artísticas, e isso sem negar o saque e a violência simbólica a que foram submetidas. A variabilidade terminológica – afinal, trata-se de "transplantações", de "traduções" ou de "translações"? – aponta menos para uma preocupação definitória ou catalográfica do que para uma abertura diante de objetos de reflexão que são compósitos e complexos, assim como boa parte das identidades contemporâneas. Nesse sentido, é curioso que as categorias empregadas pelo senegalês se aproximem da metáfora escolhida pela escritora guadalupense Simone Schwarz-Bart, em entrevista à pesquisadora brasileira Vanessa Massoni da Rocha, ao falar sobre a tradução de seus romances para outras línguas: "Muitas vezes é possível que uma planta seja transplantada sem que sofra dano algum. Basta, para isso, que a nova terra seja boa. Confio nas novas terras e sei que elas recebem bem minhas plantas."[18]

Para além das metáforas vegetais, chama a atenção a aposta otimista numa espécie de acolhimento ou hospitalidade às plantas transplantadas, embora as terras sejam, com toda a gama de sentidos que esta palavra acolhe, outras. Aí reside em larga medida, vale insistir, o pressuposto que articula os textos deste livro e faz dele uma contribuição original e necessária para o pensamento brasileiro não só acerca da tradução, mas das línguas e culturas que, como diria ainda Édouard Glissant[19], "até aqui, foram comprimidas na face escondida da Terra e que doravante irrompem na cena principal do mundo".

O otimismo também está no desejo de que esta tradução, feita em parceria com Thiago Mattos, encontre no Brasil um solo favorável para seu crescimento e para o florescimento de um debate que não cessa de se renovar. E de que, conforme sugere a epígrafe, o próprio exercício de traduzir – e ler – Souleymane Bachir Diagne se inscreva, de língua a língua, numa dimensão de combate político, para fazermos humanidade, juntos.

Henrique Provinzano Amaral[20]

---

18. In Vanessa Massoni da Rocha, *Tradução em (ent)revista: Simone Schwarz-Bart e as tradutoras brasileiras*. Rio de Janeiro: EdUERJ, 2021, p. 42.

19. Édouard Glissant, "Traduzir: reler, religar", in Henrique Provinzano Amaral, *Ilhas em arquipélago: Uma poética da Relação tradutória em Édouard Glissant*. Tese de doutorado, USP, 2024, pp. 188-221.

20. Professor de Francês, Literaturas em Francês e Tradução da Universidade Federal de Juiz de Fora (UFJF).

PREFÁCIO À EDIÇÃO BRASILEIRA

Fico contente com o fato de meu livro ser acolhido no Brasil – e por leitores de língua portuguesa. Também estou contente com a oportunidade, oferecida por esta edição, de dizer, em um novo prefácio, algumas palavras sobre as minhas razões para ver na tradução um humanismo e o modelo do "universal lateral", sobre o qual o filósofo Maurice Merleau-Ponty nos convida a pensar.

Com efeito, o pensador francês opõe o *universal lateral* a um *universal sobrepujante*. Pode-se compreender este último como aquele universal imperial que a Europa, a partir de sua posição vertical e central, pretendia levar ao resto do planeta. Nosso mundo de hoje, o mundo após a Conferência de Bandung, de 1955, que marcou simbolicamente o fim desse universalismo europeu, é um mundo descentralizado, plural, onde nenhuma província se mantém acima das outras. Nele, as culturas se encontram lado a lado, na igualdade e na equivalência das línguas que as exprimem. Se elas conspiram para produzir, juntas, um horizonte de universalidade, isso só pode ocorrer no mesmo plano de imanência em que todas estão situadas, de maneira lateral, ou melhor, multilateral.

Assim, se nossa condição humana primeira está em constituir culturas múltiplas que se exprimem em uma pluralidade de línguas, as quais carregam visões de mundo e epistemes diferentes, a tradução é uma resposta à maldição de Babel, pois se trata da criação contínua de uma sociedade humana aberta e orientada para um mesmo horizonte de universalidade, não negando a pluralidade do mundo, mas respeitando essa pluralidade e se apoiando nela. Abraçando nossa condição pós-Babel como Sísifo sua pedra, podemos transformar nossa dispersão nas línguas em nosso encontro na tradução.

Se estamos condenados à "confusão de nossas línguas", para retomar a expressão bíblica, nos resta a tradução para reconstituir, a partir de nossas diferenças, uma humanidade comum ao redor, por exemplo, da ideia de uma literatura mundial.

Ao fazer o elogio de um humanismo da tradução como ponte entre as culturas, não estou esquecendo que a colonialidade entra nas relações entre as línguas; que o colonialismo reproduziu com facilidade a grande divisão efetuada pelos gregos entre sua língua – que era portanto o próprio *logos* – e aquelas dos mundos bárbaros, cuja confusão (o *babil*) correspondia à imagem da que reinava em sua mente; que o colonialismo também é a tradução violenta, apropriadora, das culturas "outras" na língua do império; e que, para os autores que pertencem a essas culturas, traduzir seus imaginários, traduzir-se a si mesmos na língua da colonização coloca questões (para as quais este livro propõe respostas).

Nem por isso a ética da tradução, que constitui a verdade dela, deixa de ser estabelecimento de relação, pelo tradutor, pela tradutora, das línguas em sua igualdade. Elas opõem, à violência apropriadora, o que Glissant chamou de sua "opacidade" – assinalando que se trata de uma "opacidade aberta" à "Relação". É nesse espírito que este livro foi escrito. E tenho todas as razões para pensar que ele conversará com um leitorado brasileiro.

Souleymane Bachir Diagne

INTRODUÇÃO
A TRADUÇÃO CONTRA A DOMINAÇÃO

> A essência da tradução é ser abertura, diálogo, miscigenação, descentramento. Ela é estabelecimento de relação, ou não é nada.[1]
>
> ANTOINE BERMAN

Em 20 de janeiro de 2021, os olhos do mundo inteiro estavam vidrados na TV, que transmitia a cerimônia de posse do 46º presidente dos Estados Unidos. Além do interesse que o acontecimento mundial da chegada de um novo presidente americano naturalmente suscita, havia as circunstâncias que tornavam a prestação de juramento de Joe Biden e Kamala Harris um momento excepcional. Estávamos ainda, sem trégua, na fase mais sombria da pandemia e havíamos assistido, alguns dias antes, estupefatos, a um ataque perpetrado por neonazistas e outros supremacistas brancos contra o Capitólio. A democracia havia sido atacada na sua base.

Estava acontecendo algo vital na esplanada desse mesmo Capitólio, onde o novo presidente viria a declarar que "a democracia prevaleceu". Em tempos de pande-

---

1. Antoine Berman, *L'Épreuve de l'étranger. Culture et traduction dans l'Allemagne romantique*. Paris: Gallimard, 1984, p. 16. [Ed. bras.: *A prova do estrangeiro: Cultura e tradução na Alemanha romântica – Herder, Goethe, Schlegel, Novalis, Humboldt, Schleiermacher, Hölderlin*. Trad. Maria Emília Pereira Chanut. Bauru: Edusc, 2002.]

mia, era impossível, evidentemente, que uma grande multidão se reunisse ali para celebrar aquela vitória da democracia e manifestar uma comunhão de corpos e mentes em torno de um valor essencial da nossa modernidade – valor cuja fragilidade e relevância se tornavam explícitas com o ataque que sofrera. Era ainda mais necessário ter, naquela ocasião, um momento capaz de resumir seu significado, de ser seu retrato. Esse momento aconteceu sob a forma de um poema que conseguiu interromper até o movimento do Sol.

Amanda Gorman recitou "O monte que escalamos".

Nos dias seguintes, naturalmente, fomos inundados por projetos de tradução daquele momento testemunhado ao vivo pelo mundo inteiro, que visavam multiplicar e compartilhar, em diferentes línguas, sua magia. Esses projetos tradutórios nos lembram, assim, que a tradução é a expressão, na língua receptora, de um amor imediato (às vezes, amor à primeira vista) por algo que foi criado em outra língua. Antoine Berman se refere à tradução como uma "experiência", indicando ser preciso compreender essa palavra no sentido que lhe dá Heidegger, para quem "fazer uma experiência com o que quer que seja [...] quer dizer: deixá-lo vir sobre nós, que nos atinja, caia sobre nós, nos derrube e nos torne outro"[2].

Entre os vários projetos de "fazer" em outras línguas "uma experiência" com o poema de Gorman, o da editora Meulenhoff, da Holanda, provocou uma ruidosa polêmica que colocou em questão o próprio conceito de "tradução" e quem está autorizado a traduzir. A editora havia

---

2. Trecho citado por Berman em *La Traduction et la lettre, ou L'Auberge du lointain*. Paris: Seuil, 1999, p. 16. [Ed. bras.: *A tradução e a letra ou O albergue do longínquo*. Trad. Marie-Hélène Catherine Torres, Mauri Furlan e Andréia Guerini. Rio de Janeiro: 7 Letras/PGET, 2007.]

INTRODUÇÃO

decidido publicar uma antologia da poeta americana organizada em torno de "O monte que escalamos" e confiou a tradução à escritora holandesa Marieke Lucas Rijneveld. Esta acabou recusando o que inicialmente aceitara como uma "honra", depois de o projeto ter sofrido um julgamento midiático, cheio do alvoroço e da cólera habituais: segundo as acusações, tal projeto ignorava que a tarefa de "fazer uma experiência" com o poema de Gorman deveria caber a uma tradutora que compartilhasse com ela a mesma "experiência" de ser, nas palavras de Janice Deul, "uma jovem mulher do *slam* e orgulhosamente negra".

Certamente é necessário lutar pelo reconhecimento e pela representação dos grupos minorizados para que todos os setores do mundo editorial, sobretudo o da tradução, deem o devido espaço a talentos de origens diversas – por exemplo, provenientes da imigração. Podemos concordar também com a ideia de que o projeto de tradução do poema de Gorman seja uma boa oportunidade para os editores convidarem esses grupos a receber a "honra" que foi concedida a Rijneveld e perceberem que, para além da necessária competência na língua de partida e na língua de chegada, a riqueza de uma certa "experiência" ligada às identidades pode ser interessante ao trabalho de traduzir.

Ocorre que o tom e os termos em que se deu a controvérsia não permitiram uma verdadeira discussão sobre a relação entre viver "a experiência" de certas identidades e "fazer uma experiência com" um poema. Outras escolhas foram feitas, como sabemos, provavelmente à luz da controvérsia holandesa e com o intuito de não a repetir: se, no caso de algumas línguas, a tradução de "O monte que escalamos" foi confiada a pessoas que compartilham com Gorman certos aspectos das suas identidades – plurais, como sempre –, em outros casos os editores preferiram recorrer a equipes "multiculturais". Isso nos leva a questionar se a solução (uma solução política, é preciso salientar) de transformar a tradução num trabalho de equipe, que discute o tema entre si e divide uma responsabilidade coletiva, não dissolveria justamente a *experiência* singular do amor à primeira vista e da dificuldade de reproduzi-la, como um eco, em outra língua, que é a tarefa do tradutor. É compreensível lançar mão de uma equipe para escalar "o monte" da tradução de uma extensa obra técnica. Mas para um poema?

Na tradução, deve-se explorar uma pretensa identidade entre o autor e o tradutor, o que supostamente facilitaria a passagem tradutória, ou, ao contrário, explorar a desterritorialização, condição inevitável do traduzir? Aquele que não acha já saber de antemão, aquele que aceita descobrir-se em território desconhecido a partir do momento em que decide traduzir um texto que ele, apesar de tudo, ama, é também aquele que saberá, como escreve Christine Lombez, "dar ao poema a chance de ser fundamentalmente aquilo que ele é, abandonando o modelo que faria dele a 'jaula' que ele não é"[3].

Este livro apresenta uma reflexão sobre a tradução e sua capacidade, seu poder de criar uma relação de equivalência, de reciprocidade entre as identidades, de fazê-las comparecer, isto é, aparecer juntas em pé de igualdade, de modo que possamos dialogar e nos compreender de língua a língua. Como escreveu Antoine Berman, a tradução nada mais é do que "estabelecimento de relação". Este livro pretende ser, portanto, um "elogio da tradução"

---

3. Christine Lombez, *La Seconde Profondeur. La traduction poétique et les poètes traducteurs en Europe au XXe siècle*. Paris: Les Belles Lettres, 2016.

INTRODUÇÃO

e um convite a reconhecê-la como um "humanismo", expondo uma visão otimista do que ela é capaz de realizar[4].

Otimismo não significa ingenuidade.

É evidente, para evocar o subtítulo do livro de Pascale Casanova sobre a sociologia e a política mundiais da tradução, que esta também rima com "dominação"[5]: com efeito, precisamos estar cientes da realidade de um "mercado linguístico" que distribui as línguas humanas segundo categorias como "línguas periféricas, línguas centrais, línguas supercentrais e a língua hipercentral"[6]. Uma tal distribuição traz consequências não só para o status mais ou menos "prestigioso" das línguas (e, portanto, das culturas que elas encarnam), mas também para a própria existência delas. Línguas morrem – e, com elas, a face singular que dão à condição humana. E, se desaparecem, isso se deve ao fato de se encontrarem na periferia de uma língua mais "central", de uma *lingua franca* que as absorve pouco a pouco. A existência de uma hierarquia entre as línguas e de relações de dominação entre elas é

---

4. Refiro-me aqui ao trabalho de Barbara Cassin *Éloge de la traduction* (Paris: Fayard, 2016) [Ed. bras.: *Elogio da tradução*. Trad. Daniel Falkembach e Simone Petry. São Paulo: WMF Martins Fontes, 2022] e também ao título que Leyla Dakhli deu, na revista *La Vie des Idées*, à resenha crítica que fez do livro de François Ost *Traduire: Défense et illustration du multilinguisme* (Paris: Fayard, 2009): "O multilinguismo é um humanismo" (disponível em: laviedesidees.fr/Le-multilinguisme-est-un-humanisme.html; acesso em: 29 jul. 2021).

5. Pascale Casanova, *La Langue mondiale. Traduction et domination*. Paris: Seuil, 2015. [Ed. bras.: *A língua mundial: Tradução e dominação*. Trad. Marie-Hélène Catherine Torres. Brasília: Editora da UnB, 2021.]

6. Casanova cita dessa forma (*ibid.*, p. 11) a concepção de Abram de Swaan de "uma 'constelação' hierarquizada das línguas" presente no seu livro *Words of the World: The Global Language System*. Cambridge: Polity Press, 2001, pp. 4-7.

um fato que qualquer reflexão sobre um humanismo da tradução deveria levar em conta.

Em seu livro, Casanova recupera continuamente essa primeira constatação de que uma manifestação essencial da dominação linguística (e que constitui inclusive sua medida) é a diglossia, definida como uma situação de bilinguismo em que uma das línguas é considerada inferior e dotada de um capital cultural de menor valor, sendo, portanto, raramente reconhecida ou empregada para fins acadêmicos ou socialmente prestigiosos[7]. Uma segunda constatação importante é a de que, quando se traduz de uma língua mais "periférica" para uma mais "central", a tradução representa um ganho de valor. E, no sentido inverso, receber na sua língua, pela tradução, o que foi pensado e criado na "língua hipercentral" (isto é, o inglês, para dar nome aos bois) significa tirar proveito da essência desta última.

Fazendo referência ao trabalho de Gisèle Sapiro[8], que explicitou o peso crescente da dominação do inglês na economia e na política das trocas linguísticas, Casanova mostra que a tradução se realiza geralmente na assimetria das línguas envolvidas. Ou ela faz um idioma menor "ascender" ao centro, na direção de *ser mais*, ou, ao contrário, o faz recolher, como uma oferenda, o acréscimo de ser que a língua central concede, pela tradução, à periferia.

Como pensar, então, que a tradução possa se contrapor à assimetria e à dominação para construir a reciprocidade?

---

7. Casanova afirma que "aqueles que, de modo coletivo, utilizam duas línguas estão em situação de dominação" (*op. cit.*, p. 129).

8. Gisèle Sapiro, *Translatio. Le marché de la traduction en France à l'heure de la mondialisation*. Paris: CNRS Éditions, 2016.

INTRODUÇÃO

A análise da tradução como manifestação da dominação linguística aponta também para a possibilidade de enxergar nela uma "força de resistência". Segundo Casanova, "há apenas uma maneira eficaz de lutar contra uma língua dominante: adotar uma posição 'ateia' e, portanto, não *acreditar* no prestígio dessa língua, estar convencido da absoluta arbitrariedade do seu domínio e da sua autoridade"[9].

Consideremos a situação mais assimétrica de todas: a situação colonial. De maneira geral, uma língua imperial se coloca no centro como a encarnação do *logos*, a língua perfeita de uma humanidade plenamente realizada, em relação à qual os falares nativos são incompletos e definidos pela *falta*. Falta de conceitos abstratos, falta de tempos verbais no futuro e, talvez a mais importante, falta (ou superabundância, no caso do português) do verbo "ser"[10].

Num espaço que foi ou continua a ser colonizado, vivem, para retomar a definição de Casanova, "aqueles que, de modo coletivo, utilizam duas línguas", na medida em que são dominados. O mundo deles é, portanto, o da diglossia, no qual tudo é feito para que aceitem e acreditem que uma das suas línguas, a chamada língua materna, tem essencialmente um valor inferior em comparação à outra, cujo "prestígio" natural legitima, assim, a dominação. Abandonar a crença nesse prestígio e perceber, ao contrário, que cada língua vale tanto quanto a outra (na medida em que é uma língua entre outras) pode assumir então duas formas. A primeira é certo nacionalismo linguístico que se manifesta pela rejeição da língua "dominante", uma vez que a aura que a envolvia é dissi-

---

9. P. Casanova, *op. cit.*, p. 15.
10. O capítulo 4 voltará a tratar dessas "faltas".

pada. A segunda é a transformação da diglossia num verdadeiro bilinguismo (ou, evidentemente, plurilinguismo). Não por acaso, um dos primeiros atos da Negritude senghoriana[11] consistiu em proclamar, contra a diglossia colonial, que o futuro estava no bilinguismo e no "homem novo", capaz de pensar de língua a língua[12]. Isso se deu em 1937, quando a administração colonial de Dacar o convidara para ministrar uma conferência na câmara de comércio da cidade[13].

Elogiar a tradução não significa ignorar o fato de que ela é dominação. Significa celebrar a dimensão plural e igualitária das línguas. Significa opor-se à inscrição da tradução num mundo de trocas desiguais e recordar que o objetivo do próprio trabalho de traduzir, da tarefa do tradutor, de sua ética e sua poética, é criar reciprocidades, encontros numa humanidade comum. Significa afirmar que, contra a assimetria colonial, existe também uma força descolonizadora, e que, contra a economia, existe a caridade.

---

11. Léopold Sédar Senghor (1906-2001) foi um poeta, professor e político senegalês, uma das figuras centrais do movimento da Negritude. Formado em literatura na França, foi deputado na Assembleia Nacional Francesa antes de se tornar o primeiro presidente do Senegal independente (1960-1980). [N. do E.]

12. Senghor, na verdade, fala do "negro/preto novo", tomando a expressão de Alain Locke, filósofo afro-americano do Harlem Renaissance. A proposta, no entanto, é mais universal e diz respeito ao ser humano em geral.

13. Uma versão escrita foi publicada com o título "Le problème culturel en AOF", in Léopold Sédar Senghor, *Liberté*, vol. I: *Négritude et humanisme*. Paris: Seuil, 1964.

CAPÍTULO 1
O LINGUISTA, O NATIVO E O EXTRATERRESTRE

> A verdade mais sensata [...] é que a estupidez do nosso interlocutor, a partir de certo ponto, é menos provável que uma má tradução [...].[1]
>
> WILLARD VAN O. QUINE

A experiência de pensamento que Willard van Orman Quine (1908-2000) imaginou com o nome de "tradução radical"[2] se apresenta, à primeira vista, como uma situação de assimetria colonial, mas transforma-se a seguir em afirmação de igualdade e em proclamação de uma identidade humana compartilhada.

Vejamos o que significa uma tradução "radical".

Para compreender o que nos une uns aos outros na vida social, comecemos, como propuseram Hobbes e Rousseau, pela "ficção" de um estado anterior à sociedade, um estado de natureza; depois, examinemos as razões e os mecanismos de nossa saída desse estado, a fim de compreender o estado que lhe sucede e chegar assim ao sentido do contrato social. Do mesmo modo, para

---

1. Willard van O. Quine, *Le Mot et la chose*. Trad. Joseph Dopp e Paul Gochet. Paris: Flammarion, col. Champs Essais, 2010 [1977], p. 101. [Ed. bras.: *Palavra e objeto*. Trad. Sofia Inês Albornoz Stein. Petrópolis: Vozes, 2010.]

2. O autor trata longamente dessa questão no cap. 2 de *Palavra e objeto*, obra publicada em inglês em 1960 (*Word and Object*. Cambridge, MA: MIT Press).

compreender a linguagem que utilizamos ao nos comunicar, é preciso começar pela ficção de um estado anterior à existência da linguagem, a fim de examinar as razões ou, como diz Rousseau, as emoções que nos levaram a cantar nossas frases antes de pronunciar nossas palavras. Esse é o tipo de ficção filosófica (que serve para se chegar à raiz de uma questão) que Quine constrói para compreender o que significa compreender. Isto é, traduzir. Pois "compreender é traduzir", como anuncia o título que George Steiner deu ao primeiro capítulo do seu livro *Depois de Babel*[3].

A ficção que Quine constrói é, pois, a de um estado primeiro de total incompreensão, por parte do sujeito investigador, da língua do outro, um estado a partir do qual ele terá de ser capaz de estabelecer metodicamente um léxico que lhe permita traduzir a língua estrangeira para a sua. Essa ficção nos convida a supor que o sujeito é habitado pela curiosidade a respeito das formas culturais mais estrangeiras e, por conseguinte, de línguas radicalmente diferentes daquelas com as quais possa ter alguma relação, por mais ínfima que seja.

Quine insiste na total ausência de uma *medida comum*, na desterritorialização absoluta do sujeito investigador, na tábula rasa a partir da qual ele terá de elaborar um manual de tradução da outra língua. A ausência de um ponto de apoio não diz respeito somente à estrangeiridade do seu falar. Diferentemente da relação entre a língua frísia e a língua inglesa, que são muito próximas, não existe praticamente nenhuma semelhança entre o inglês

---

3. George Steiner, *Après Babel. Une poétique du dire et de la traduction*. Trad. Lucienne Lotringer e Pierre-Emmanuel Dauzat. Paris: Albin Michel, 1998. [Ed. bras.: *Depois de Babel*: Questões de linguagem e tradução. Trad. Carlos Alberto Faraco. Curitiba: Editora UFPR, 2005.]

e o húngaro. No entanto, uma "evolução cultural comum" dos falantes dessas duas línguas pode oferecer "certos pontos de concordância"[4].

O linguista e o nativo

O sujeito investigador deve ser, portanto, um etnólogo transformado em linguista. Ele descobre "um povo que havia permanecido até então sem contato com a nossa civilização"[5], cuja língua não se assemelha a nada que possa reconhecer. É preciso então que ele seja também um behaviorista. Afinal, para realizar a sua tarefa, ele tem à sua plena disposição o comportamento do outro, ou seja, as suas respostas (principalmente verbais, claro) ao que se passa à sua volta. Além disso, segundo Quine, em matéria de linguística, e quando se trata de aprender línguas, sejam elas quais forem, não temos outra escolha senão sermos behavioristas[6].

Podemos constatar que a ficção se encaixa perfeitamente no modelo e na linguagem do encontro assimétrico entre o sujeito que veio da "nossa civilização" (e que, portanto, *supostamente sabe*) e o "nativo", cuja língua é chamada muito naturalmente de *jungle*[7] [selva], o que não

---

4. W. O. Quine, *op. cit.*, p. 60.
5. *Ibid.*
6. Quine escreve: "Considero obrigatória a abordagem behaviorista. Na psicologia, podemos ser ou não behavioristas, mas na linguística não temos escolha. Cada um aprende sua língua observando o comportamento verbal dos outros e vendo-os corrigir ou confirmar seu próprio comportamento verbal quando ele é hesitante" (*Pursuit of Truth*. Cambridge, MA: Harvard University Press, 1992, pp. 37-8).
7. "Na minha experiência de pensamento", escreve Quine, "a 'língua-fonte' é a *jungle*, e a 'língua-alvo' é o inglês", in *ibid.*, p. 38.

chega a ser surpreendente. A assimetria significa sobretudo que entre o linguista e o nativo não há justamente nenhuma *interlocução*. É claro que faz parte da ficção filosófica dar origem à significação a partir de um grau zero que pretende que as coisas sejam assim, mas devemos destacar que nenhuma iniciativa do falante da *jungle* provém de querer ajudar o estrangeiro (afinal, é ele que, aos olhos do nativo, torna-se o estrangeiro) a compreender. Compreender e traduzir são uma via de mão única.

Ao nativo cabe somente permitir que sejam observadas suas reações aos estímulos produzidos por diferentes situações e circunstâncias. O primeiro e famoso exemplo de um par estímulo-resposta dado por Quine é o aparecimento de um coelho, o que leva o nativo a pronunciar, em língua *jungle*, a palavra (será mesmo uma única palavra?) *gavagaī*. É óbvio que esse enunciado pode ter várias significações ligadas de múltiplas maneiras ao aparecimento de um coelho. Sendo assim, o linguista precisa obter do seu informante (e devemos ter o cuidado, evidentemente, de não conferir qualquer poder de ação a essa palavra) elementos suplementares para decidir, por exemplo, entre "coelho!", "veja só, um coelho!" etc. A única forma de proceder será, portanto, por conjecturas, confirmações provisórias e/ou refutações.

Ele deve, então, identificar muito rapidamente no nativo as duas respostas correspondentes a "sim" e "não", à concordância e ao desacordo. Identificá-las formalmente exige uma sequência de testes, pois não há nenhuma razão para supor a existência de uma linguagem universal do corpo, de um gestual compartilhado para dizer "sim" ou "não". Quine chega a dar o contraexemplo dos gestos da linguagem corporal dos turcos – gestos que, segundo ele, são "mais ou menos o contrário dos nossos"[8].

---

8. W. O. Quine, *Le Mot et la chose*, op. cit., p. 61.

Tendo sido realizados os testes necessários, o linguista identifica *evet* para "sim" e *yok* para "não". Além disso, ele começa a acumular enunciados em *jungle* que pode reputar, com alguma razão, como observacionais, ou seja, que "colam" imediatamente a um estado de coisas observável por todos. Em seguida, pode considerar a possibilidade de traduzir enunciados compostos a partir dos conectores binários "e", "ou" e "mas" ou da negação "não". De modo geral, e sem entrar demais nos pormenores da compreensão/tradução da *jungle*, digamos que o etnolinguista vai pôr em prática hipóteses analíticas e conjecturas, "mesmo as mais extravagantes" – acrescenta Quine –, para estabelecer um "vocabulário provisório de *jungle* com traduções inglesas e um sistema provisório de construções gramaticais"[9].

O caráter provisório do manual de tradução assim concebido não desaparecerá numa futura obra definitiva. Faz parte da sua natureza ser sempre provisório, sempre aberto, posto continuamente à prova a partir das reações que sua utilização provoca nos nativos. Esse caráter aberto e provisório leva também a uma conclusão importante, que resume toda a experiência produzida: é perfeitamente possível imaginar que outro etnolinguista, ao final de um processo similar, elabore um manual diferente mas igualmente eficaz em relação às reações de concordância que suas hipóteses provocam. É essa a tese de Quine sobre a "indeterminação da tradução", formulada da seguinte forma:

> Nossas reflexões nos dão poucas razões para imaginar que dois tradutores radicais, trabalhando separadamente na *jungle*, produzam manuais intercambiáveis. Seus ma-

---

9. *Id., Pursuit of Truth, op. cit.*, p. 45.

nuais podem ser indistinguíveis em termos das reações esperadas da parte dos nativos, mas cada um prescrevendo traduções que o outro rejeitaria. Essa é a tese da indeterminação da tradução.[10]

É razoável pensar, evidentemente, que deva existir um núcleo invariante que possibilite aos dois manuais serem utilizáveis para a mesma língua e até mesmo, num primeiro momento, realizáveis. Ou seja, algo deve escapar à indeterminação: esse algo é a lógica.

A questão da universalidade da lógica como gramática do raciocínio geral, sem relação com as gramáticas particulares das diferentes línguas humanas, é antiga. A tradução para o árabe, por exemplo, das obras que compõem o *Organon*, de Aristóteles, que se apresentava como o instrumento (*organon*, em grego) universal do raciocínio válido, trouxe a questão da relação entre a lógica aristotélica e a língua grega do filósofo[11]. G. W. F. Leibniz, no século XVII, continuou o projeto de traduzir nossos procedimentos de raciocínio para uma linguagem cuja gramática seria "filosoficamente" reconstruída de maneira que abarcasse nosso entendimento puro, nossa capacidade de raciocinar e de chegar a conclusões que não fossem distorcidas pelas ambiguidades e equívocos inerentes a nossas línguas naturais. Essa linguagem seria, para ele, a da álgebra.

Tal projeto de uma álgebra da lógica será concretizado pelo matemático inglês George Boole (1815-1864). Boole pretendia recuperar a ideia leibniziana de uma língua dos "caracteres" algébricos que não representariam quantidades como na álgebra ordinária, mas conceitos

---

10. *Ibid.*, pp. 47-8.
11. O capítulo 4 se dedicará longamente a esse tema.

que combinamos nos nossos enunciados e raciocínios. Assim, as próprias operações de combinação poderiam ser expressas pelos sinais algébricos usuais de adição, multiplicação etc., sem que lhes fosse atribuído nenhum sentido propriamente quantitativo. A igualdade teria valor de identidade[12].

Como Leibniz, Boole considera que a *lingua characteristica universalis*, essa linguagem simbólica universal na qual o nosso raciocínio assumiria a forma de um cálculo que obedece às regras de uma álgebra não numérica, é a expressão de uma invariante que subjaz à infinita diversidade das línguas humanas. É a língua adâmica, usada por todos os seres humanos antes da catástrofe de Babel.

Sobre essa ideia de uma invariante lógica "adâmica", vale citar outro autor que está na origem das profundas revoluções experimentadas pela lógica depois de Leibniz: Gottlob Frege (1848-1925).

Para Boole, subsiste em todas as línguas humanas um mesmo fundo atávico. Ele chega a afirmar que "seria difícil concebermos que as inúmeras línguas e dialetos da Terra tenham sido capazes de preservar ao longo do tempo tantos elementos comuns e universais se não pudéssemos certamente afirmar que tal coincidência se baseia, de forma profunda, na existência de leis da própria mente"[13].

Frege, por sua vez, começa pela ideia de que a gramática seria para a linguagem o que a lógica é para o nosso pensamento, constituindo "uma mistura de lógico e de psicológico". Se o elemento psicológico não fizesse parte dela, se a gramática das nossas línguas fosse pura-

---

12. Traduzi do inglês para o francês a principal obra de Boole, na qual ele apresenta sua álgebra da lógica: *Les Lois de la pensée*. Trad., introd. e notas Souleymane Bachir Diagne. Paris: Vrin, 1992.

13. *Ibid.*, p. 43.

mente lógica, seria necessariamente a mesma para todas as línguas, acrescenta ele, que continua:

> O mesmo pensamento pode ser expresso em diferentes línguas? Sem dúvida, em relação ao núcleo lógico; caso contrário, os seres humanos não poderiam ter uma vida intelectual comum. Mas, se pensarmos no núcleo com a adição do invólucro psicológico, torna-se impossível uma tradução exata. Podemos levar a questão até o ponto de duvidarmos se o invólucro externo é o mesmo para duas pessoas. Pode-se ver aí o valor da aprendizagem de línguas estrangeiras para a educação lógica. [...] É assim que as diferenças entre as línguas podem facilitar nossa compreensão do que é lógico.[14]

Sendo um behaviorista cético, Quine se recusa a considerar como um *fato* que as "línguas e dialetos da Terra" estejam num acordo entre si com base em leis existentes na mente – leis que se refletiriam nos sinais que empregamos para nos comunicar. Toda a sua abordagem consiste em também não assumir *a priori* a ideia de que diferenças de tradução em diversas línguas seriam como uma simples mudança de revestimento externo de um mesmo pensamento. Nesse sentido, Quine não segue nem Boole nem Frege.

A tradução não passa pela mediação de uma linguagem pura. Ela se faz diretamente, da *jungle* para o inglês, de língua a língua. Toda a dificuldade, portanto, reconhecida por Quine e enfatizada nas objeções que lhe foram destinadas, diz respeito a justificar que "o que é lógico" escapa à indeterminação. A questão não se situa no interior do campo da experiência de pensamento que é a

---

14. Gottlob Frege, "Logic", in *Posthumous Writings*. Hoboken, NJ: Wiley, 1991, p. 6. [Traduzido da versão de Diagne para o francês.]

produção de um manual de tradução. Ela o transcende, no sentido de que diz respeito à própria condição de possibilidade da empreitada de traduzir: precisamos partir do princípio de que "o que é lógico" e se impõe a nós quando falamos inglês se impõe da mesma forma à *jungle*.

O que justifica essa *decisão* (pois é, afinal, disso que se trata)? Por que não decidir, em vez disso, que o locutor de uma língua radicalmente estrangeira pensa segundo uma lógica totalmente diferente da "nossa" lógica clássica, baseada nos princípios da identidade, da não contradição e do terceiro excluído? Essas questões transcendem o campo da experiência de pensamento, pois são *práticas* no duplo sentido: de um lado, exigem uma resposta empírica; de outro, fazem-nos passar de uma *lógica* a uma *ética* da tradução.

A partir daí, a ficção filosófica pura deve ceder lugar à antropologia. Sandra Laugier lembra que o debate sobre a noção de *tradução radical* se concentrou, em geral, na técnica de confecção do manual e se esqueceu de um aspecto essencial: a questão do atributo antropológico da lógica[15]. Para justificar a decisão de imputar "o que é lógico" à *jungle*, é preciso que o mundo real dos seres humanos, esses animais-que-falam, forneça casos de povos que se expressariam, por exemplo, de maneira totalmente indiferente ao princípio da não contradição e manifestariam, assim, uma mentalidade não lógica, ou "pré-lógica", segundo o conceito de Lucien Lévy-Bruhl.

A experiência de tradução radical de Quine necessariamente questiona, portanto, uma certa etnologia, sobretudo a de Lévy-Bruhl, e sua *decisão* de considerar que a mentalidade que ele chama de "primitiva" não funciona

---

15. Seu livro *L'Anthropologie logique de Quine. L'apprentissage de l'obvie* (Paris: Vrin, 1992) trata precisamente dessa dimensão crucial.

segundo as mesmas leis do "nosso" pensamento e, por conseguinte, que sua linguagem, no limite, não é realmente traduzível na linguagem da "nossa" civilização. Trata-se efetivamente aqui de *decisão*, isto é, de uma disposição para considerar *a priori* que estamos diante de uma outra lógica. Se julgamos assim, é porque partimos do princípio de que deveria ser assim.

Não podemos esquecer, ainda, que a decisão etnológica do primeiro Lévy-Bruhl de ver na "mentalidade primitiva" um intraduzível pré-logismo reforça sua decisão filosófica de recusar a noção de uma "humanidade sempre e em toda parte semelhante a si mesma"[16]. "Os gregos", diz Lévy-Bruhl, citando Hegel, "conheceram a Grécia, mas não a humanidade."[17] Para eles, a divisão entre *logos* e línguas bárbaras significava uma fratura entre o mundo finito das cidades gregas e o indefinido – "τὸ ἄπειρον"[18] – do resto do mundo, povoado pelos outros seres humanos. Foi o cristianismo, continua ele, que, animado por um espírito proselitista estranho aos antigos, apagou a diferença entre romanos, gregos e bárbaros, e também entre povo escolhido e gentios. Baseando-se na história bíblica de Adão, que, ao cair, leva consigo todos os homens, e na de Cristo, que redime a todos, o cristianismo estabeleceu "a ilusão de que a humanidade cristã, ou simplesmente a humanidade, era mais ou menos uma coisa só"[19].

Os filósofos corroboraram essa mesma ilusão, que se tornou uma "crença enraizada", prossegue Lévy-Bruhl,

---

16. Lucien Lévy-Bruhl, *La Morale et la science des mœurs*. Paris: Félix Alcan, 1903, p. 72.
17. *Ibid.*, p. 68.
18. *Ibid.*
19. *Ibid.*, p. 70.

ao transformarem os povos estrangeiros dos quais pretendiam falar em "europeus mal disfarçados"[20].

Contudo, a essa noção confusa de *uma* humanidade, sobre a qual se funda a ideia de uma moral natural e universal, opõem-se agora, segundo ele, e cada vez mais, os fatos que a história e a antropologia estabelecem empiricamente. Lévy-Bruhl considera, assim, que essas ciências demonstram que "a humanidade como um todo é apenas uma unidade de medida"; e que "as sociedades inferiores já não se prestam somente a uma antítese fácil entre o europeu corrompido e o 'bom selvagem'"[21] – elas são radicalmente outras, com uma mentalidade dominada por uma *lógica das imagens* e uma *lógica dos sentimentos* que as fazem sustentar ideias e adotar práticas inexplicáveis à "nossa" lógica.

Na realidade, em vez de aprender com os fatos empiricamente estabelecidos, a decisão filosófica de ver radicalmente o outro como outro recorre aos dados com a ideia de questioná-los e exigir que confirmem a natureza não lógica da "mentalidade primitiva" e, portanto, sua intraduzibilidade radical na nossa linguagem moldada pela lógica. Uma etnologia da diferença é fruto dessa decisão.

Como oposição a isso, deveríamos pensar simplesmente numa etnologia da identidade?

O bom uso do ceticismo, afirma Quine, leva a reconhecer que não podemos decidir no plano teórico entre as duas *decisões* em questão.

> Nem sequer sei se faz sentido colocar tal pergunta. Podemos ficar impressionados tanto com a impenetrabilidade da mentalidade do nativo como com o quanto ele se assemelha a nós, dado que, num caso, simplesmente

---

20. *Ibid.*, p. 74.
21. *Ibid.*, p. 76.

"perdemos" a melhor tradução e, no outro, conseguimos realizar o trabalho mais profundo de projetar nossos próprios modos provincianos de pensar no falar do nativo.[22]

A decisão adequada a tomar é ditada, então, por uma "moral prática", escreve Quine, que traduzirá antes de tudo o ceticismo diante da vontade de estabelecer "contrastes culturais" que move o etnólogo da diferença. Assim, quando este supõe que "certos nativos tendem a aceitar como verdadeiras frases traduzíveis na forma 'P e não P'"[23] (ou seja, que a mentalidade deles admite perfeitamente a possibilidade de uma coisa poder ser ela mesma e seu contrário ao mesmo tempo e nas mesmas condições)[24], ele simplesmente se revela um mau tradutor da frase em questão, vítima da sua predisposição para se ver sempre diante do ilogismo de um "primitivo".

Falar de "moral prática" em vez de diferenciar a etnologia da diferença da etnologia da identidade significa deslocar a questão da tradução para um plano ético[25].

---

22. W. O. Quine, *Le Mot et la chose*, op. cit., p. 123.

23. *Ibid.*, p. 99. Em nota, Quine afirma que Malinowski teve, nesse sentido, a honestidade de retificar a tradução de um material recolhido dos insulares que estudava, sem lhes atribuir algum tipo de ilogismo ou pré-logismo.

24. Em lógica, costuma-se usar as abreviações S e P para "sujeito" e "predicado", respectivamente. Assim, uma frase como "o menino é bonito" tem a forma "S é P", em que S é "o menino" e P é "bonito". Uma frase do tipo "P e não P" seria algo como "o menino é e não é bonito". Embora seja fácil conceber maneiras segundo as quais o menino é e não é bonito ao mesmo tempo (é bonito de dia e feio de noite; é bonito para quem o ama e feio para quem o odeia etc.), para o princípio da não contradição, uma das leis fundamentais da lógica, S não pode ser P e não P *ao mesmo tempo* e *nas mesmas condições*, o que não é o caso dos contraexemplos citados. Ver *infra*, p. 75. [N. do E.]

25. Bruno Ambroise mostra bem a finalidade prática da "ruína da ideia de uma significação independente", que cada língua apreenderia

É assim que Quine propõe o *princípio* de considerar que o nativo é racional e lógico, que posso, portanto, sempre traduzir sua língua, por mais estranha que seja em relação à minha, e que de língua a língua podemos sempre nos entender.

Trata-se realmente de um *princípio*, e não de uma tese a que se chegaria ao final de uma demonstração. A esse respeito, o filósofo americano utiliza a palavra "empatia" e a expressão "princípio da caridade"[26]. Ambas expressam a ideia de reconhecimento e de igualdade numa humanidade compartilhada, o que constitui o princípio da tradução. Pois é preciso destacar, evidentemente, que a palavra "caridade" deve ser entendida aqui no sentido etimológico[27], incluindo sua conotação religiosa de identificação com o outro. Assim, essa experiência de pensamento, que tinha inicialmente todas as características de uma etnologia colonial, acaba por afirmar a tradução como "estabelecimento de relação".

Há duas razões principais para se adotar um princípio da caridade em contraposição a uma etnologia do contraste.

A primeira, já mencionada, é que a etnologia do contraste, por sua natureza, perverte toda tradução, queren-

---

dentro das próprias regras. Isso "não conduz a uma incompreensão do outro, mas a uma espécie de ética da (ou na) tradução". Ver Bruno Ambroise, "L'impossible trahison. Signification et indétermination de la traduction chez Quine", *Noesis*, n. 13, 2008, pp. 61-80.

26. Devo essa expressão, empregada principalmente por Donald Davidson e mencionada por Quine, por exemplo, no § 13 do cap. 2 de *Palavra e objeto*, a Neil L. Wilson.

27. *Caritas*, em latim, é o substantivo abstrato formado a partir do adjetivo *carus*, que, por sua vez, é cognato da forma portuguesa "caro", como quando nos dirigimos a alguém ("Caro fulano..."). Etimologicamente, "caridade" é a propriedade que algo ou alguém tem de nos ser caro, quer dizer, de ser importante para nós. [N. do E.]

do mantê-la a todo custo estranha. Ao fazê-lo, esquece que é sempre possível, por "perversão" (a palavra é de Quine), tornar estranhas coisas bastante familiares. É o que tal etnologia deveria aprender com a escrita "perversa" das *Cartas persas*, de Montesquieu, que brinca de transformar os costumes da sua sociedade em comportamentos aberrantes aos olhos de visitantes de fora.

A segunda razão, crucial, é que esse princípio não se aplica apenas à aprendizagem de uma língua estrangeira, mas também ao caso da criança aprendendo aquela que será sua língua materna. Tal como ocorre com o etnolinguista, suas hesitações ao repetir palavras e frases manifestam a atenção que dedica ao assentimento das pessoas ao redor. A criança aprende a traduzir os comportamentos em enunciados porque percebe que, dessa forma, passa a fazer parte, pela empatia, de uma comunidade.

A linguista e o extraterrestre

De maneira geral, traduzir é estabelecer uma comunidade humana com os locutores da língua que traduzimos. Perguntemos, então, com um quê de perversidade: e com os não humanos?

É essa a pergunta retórica feita por Sandra Laugier e Denis Bonnay na leitura que fazem da experiência de Quine, observando que "nossas sociedades poderiam nos fornecer numerosos exemplos de contradições se fossem submetidas à curiosidade de um antropólogo extraterrestre"[28]. A ficção científica fez desse tipo de experiência de pensamento um dos seus temas favoritos.

---

28. Denis Bonnay e Sandra Laugier, "La logique sauvage de Quine à Lévi-Strauss", *Archives de Philosophie*, vol. 66, n. 1, 2003, p. 64.

O recurso da comunicação telepática, tema frequente no gênero, permite contornar, ou ignorar, a questão da tradução. Certas obras, pelo contrário, tornaram-se clássicas, entre outras razões, por não se esquivarem dessa questão, enfrentando o desafio de imaginar soluções críveis para o problema da tradução *apesar de tudo*, isto é, apesar da sua impossibilidade *a priori*. É esse desafio que faz toda a poesia, por exemplo, dos magníficos filmes *Contatos imediatos do terceiro grau* (1977), de Steven Spielberg, e *A chegada* (2016), de Denis Villeneuve. Se, no primeiro, humanos e extraterrestres recorrem a um canal "universal" de comunicação através de notas musicais e cores, no segundo a experiência de traduzir e de se compreender é imaginada de língua a língua.

A chegada é uma adaptação de "História da sua vida"[29], um conto do escritor de ficção científica Ted Chiang, que concebeu essa obra como uma experiência de pensamento que transpõe em forma de drama questões da filosofia da linguagem e da tradução[30]. Do conto para o filme, essas questões são geralmente bem traduzidas, ainda que com muitas alterações, sobretudo na forma como é construída a mensagem, central nas duas versões, da verdade humana e humanista da tradução.

Lembremos a trama da história: alguns visitantes de outra galáxia chegam ao nosso planeta e precisamos dar um jeito de entender o que querem.

---

29. Ted Chiang, *Story of Your Life and Others*. Easthampton, MA: Small Beer Press, 2010. [Ed. bras.: *História da sua vida e outros contos*. Trad. Edmundo Barreiros. Rio de Janeiro: Intrínseca, 2016.]

30. Numa entrevista publicada na *The Believer* (n. 128, 2 dez. 2019), o autor afirma que sua obra consiste em "encontrar meios de tornar as questões filosóficas narráveis (*storyable*)" e acrescenta que "dramatizar as questões filosóficas é uma forma de enfatizar a pertinência delas".

No conto de Chiang, a nave espacial dos visitantes permanece em órbita enquanto eles constroem na Terra algumas "cabines" para se comunicar com os humanos. São instaladas 112 cabines no mundo todo, sendo nove nos Estados Unidos. A história se concentra em apenas uma das cabines desse país, aquela onde os dois protagonistas, a linguista Louise Banks e o físico Gary Donnelly (que no filme se chama Ian), são encarregados pelas autoridades militares de descobrir o que querem os extraterrestres e se é possível obter deles tecnologia e conhecimento sem ter de ceder os "nossos" em troca. Na cabine, a comunicação se dá através de uma grande janela, que pode ser transparente ou opaca, a depender de os *heptápodes* (como são chamados, devido à sua anatomia) estarem presentes ou não do outro lado.

Na adaptação cinematográfica, os heptápodes aterrissam, em doze países de diferentes continentes, enormes naves espaciais, nas quais seus interlocutores humanos devem subir para "falar" com eles. Os espectadores acompanham a aventura da tradução da língua dos heptápodes para o inglês em Montana, o local da América do Norte escolhido pelos visitantes. O Exército americano dá a Louise Banks e Ian Donnelly a missão de traduzir a língua dos extraterrestres e compreender a natureza da sua ciência a partir das interações nessa instalação.

Mas os outros locais também são importantes, já que, num primeiro momento, instaura-se uma verdadeira colaboração entre países tão diferentes como Estados Unidos, Sudão, Serra Leoa, Rússia, China etc., a fim de compartilhar as informações obtidas sobre a língua e as intenções dos extraterrestres. No interior das naves espaciais, o mesmo sistema de janela gigante do conto de Chiang permite a comunicação com os heptápodes, batizados pelos humanos de Abbott e Costello (no livro, são chamados de Flapper e Raspberry [na edição brasileira, Melindrosa e Framboesa]).

Há uma referência crucial, no filme, a uma teoria da antropologia cognitiva conhecida como "hipótese Sapir-Whorf", segundo a qual, essencialmente, a língua que falamos molda a maneira como vemos o mundo. O conto não menciona explicitamente tal hipótese, mas é evidente que ela está no cerne dessa "dramatização da questão filosófica" sobre a determinação das nossas categorias de pensamento pelas categorias da nossa língua. E está presente na ideia básica sobre a qual a história (do texto e do filme) se constrói: ensinando sua língua aos humanos – que, como descobrimos no final, era o verdadeiro objetivo da viagem –, os heptápodes ensinam também, por intermédio dos tradutores (entre os quais, Louise), sua perspectiva disso que chamamos de realidade.

Conforme a linguista se deixa habitar pela língua heptápode, revela-se-lhe o fato de que os visitantes veem a realidade ao mesmo tempo como passado, presente e futuro. Basicamente, eles "conhecem" o futuro. Tendo aprendido a pensar em heptápode, Louise também consegue ver o fim no começo. Quando responde "sim" ao físico Ian/Gary, que quer se casar com ela, e quando também responde "sim" ao seu pedido de fazerem um bebê, ela sabe que diz "sim" ao seu destino de ter uma filha que morrerá no final da adolescência – de câncer no filme e num acidente de alpinismo no conto.

No texto de Chiang, a manifestação mais explícita da visão de mundo dos heptápodes é o sentido que o *princípio de Fermat* aplicado à refração da luz tem para eles. Esse princípio afirma que um raio de luz se propaga de um ponto A a um ponto C numa trajetória tal que diminui o tempo do percurso. Num meio homogêneo como o ar, essa trajetória será obviamente a linha reta traçada de A a C. No entanto, se o ponto C estiver, por exemplo, na água, o raio irá de A para C passando pelo ponto B, que pertence à superfície limítrofe entre o ar e a água, conforme a figura abaixo:

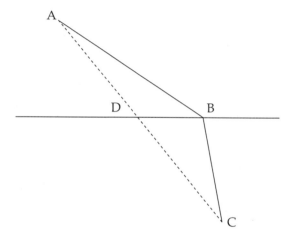

Uma vez que os índices de refração do ar e da água são diferentes, o raio de luz se desloca mais rapidamente no primeiro caso do que no segundo. Caso o raio se desloque diretamente ao longo da linha reta AC, o tempo que levará entre o ponto D (onde encontra a superfície da água) e o ponto de chegada, C, será maior do que se ele for primeiro ao ponto B e depois percorrer o caminho BC, mais curto do que DC na água. Nesse caso, a linha reta é o caminho mais curto do ponto A ao C, mas não o mais rápido.

Pode-se perceber que a linguagem empregada para explicar o princípio de Fermat parece dar ao raio de luz uma *intenção*, um *objetivo* em função do qual ele *calcula* e *escolhe* o caminho que diminuirá o tempo necessário para percorrer o trajeto. Essa maneira de ver, que parece substituir o mecanismo científico de causa e efeito pela teleologia, foi criticada no teorema de Fermat. É justamente essa linguagem finalista que "fala" aos heptápodes, os quais, em compensação, mostram-se estranhamente pouco curiosos quando o físico Ian/Gary tenta conversar com eles sobre álgebra e outras ciências. No conto de Chiang, o interesse manifestado pelos extraterrestres fará com que a linguista se pergunte: "Que tipo de visão de mundo tinham os heptápodes para considerar o princípio de Fermat a explicação mais simples da refração da luz? Que tipo de percepção tornava um mínimo e um máximo imediatamente óbvios para eles?"[31] Não podemos esquecer que, para tais seres, o fim está no começo, "premissas e conclusões são intercambiáveis"[32].

Um aspecto essencial da ficção filosófica imaginada por Chiang é o desdobramento da linguagem dos heptápodes em heptápode A e heptápode B – respectivamente, sua língua oral e sua língua escrita. A língua escrita dos extraterrestres tem a particularidade (descoberta pela linguista ao pedir a eles que usem a escrita para lhe ensinarem sua língua) de não ser a transcrição da língua falada. O heptápode A e o heptápode B cumprem duas funções cognitivas radicalmente diferentes: enquanto na fala os fonemas precisam necessariamente se encadear um após o outro, numa sucessão linear no tempo, na escrita os grafemas coexistem no mesmo espaço e ao mesmo tempo, reunindo-se num "conglomerado", como diz a linguista.

Estamos tratando, evidentemente, de uma "ficção" filosófica, mas se pode notar que a ideia de uma língua

---

31. T. Chiang, *op. cit.*, p. 118 [citado conforme a ed. bras., p. 125].
32. *Ibid.*, p. 124 [citado conforme a ed. bras., p. 130].

escrita diferente da língua falada aproxima-se da posição de Jacques Derrida contra o fonocentrismo, segundo o qual a fala é origem, presença imediata de sentido, o que a tornaria, por isso, superior à escrita, que seria apenas o seu registro. A língua heptápode B é, pois, reversível, pode ser lida de frente para trás e/ou de trás para a frente, ou melhor, ela simplesmente ignora a noção de "frente" e "trás", como o próprio andar dos extraterrestres, que, tendo olhos voltados para todas as direções, não se movem nem para trás nem para a frente. Tal língua traz, na sua grafia não linear, a verdade de uma visão do real em que se parte dos efeitos para, na ação, se chegar às causas.

Ao decifrar a língua dos extraterrestres, Louise aprende a entrar na visão de mundo deles. As páginas do *Livro das eras* se abrem então para ela. É esse o título que Chiang imagina para um texto ("borgiano", segundo ele) no qual tudo o que existe, passado e futuro, está escrito. Nesse livro, Louise terá diante dos olhos a *história da sua vida*, que ela conta em segunda pessoa para sua filha, Hannah – um palíndromo, evidentemente –, cuja morte a linguista vivencia já quando a criança nasce: o fim no começo.

No conto de Chiang, é dada especial atenção ao tema da predestinação e à sabedoria que consiste em saber abraçar o destino – o da humanidade e também o próprio –, sem querer alterar nada. Quando, no final, os heptápodes partem de maneira tão repentina quanto haviam chegado, depois de uma cerimônia de troca de presentes com os humanos, compreendemos que o verdadeiro presente que deixam aos seus anfitriões é a sabedoria superior à qual a língua heptápode e o conhecimento do futuro lhes dão acesso. O presente oficial (o segredo dos supercondutores revelado aos humanos) mostra-se absolutamente irrelevante, uma vez que os japoneses já o haviam desvendado. O segredo está, portanto, em outro ponto: aquilo que dão a Louise, para que ela compartilhe com todos, é a chave de um novo mundo.

Esse mesmo segredo também aparece, obviamente, na versão cinematográfica do livro, mas nela a mensagem final é outra: a sabedoria superior que o filme destaca, e que os heptápodes dão à humanidade, vai além da mera capacidade de acessar uma outra percepção da realidade. O que os visitantes das estrelas ensinam à humanidade é humanidade. É a ética da tradução, cujo sentido é *fazer humanidade juntos*.

A princípio, os indivíduos instalados nos doze locais escolhidos pelos extraterrestres para se comunicarem com os humanos colaboram entre si, partilhando as informações recolhidas sobre a língua e as prováveis intenções dos visitantes. Rapidamente, no entanto, vêm à tona segundas intenções, e vai pelos ares, tanto no sentido figurado quanto no literal (quando, em Montana, soldados americanos, sem o conhecimento dos seus superiores, resolvem detonar uma bomba na nave espacial de dois heptápodes, ferindo mortalmente um deles), a colaboração com os extraterrestres e também entre os países em que eles aterrissaram.

Quando os visitantes empregam uma palavra a respeito da qual não é possível saber com certeza se deve ser traduzida como "arma" ou "ferramenta", os chineses concluem que esses "outros" só podem ser inimigos, e é apenas no último segundo que Louise consegue convencer o comandante-chefe a não atacar a nave espacial dos heptápodes.

Essas explosões bélicas são o efeito do instinto de tribo, contra o qual, como escreveu Henri Bergson, precisamos adquirir, pela razão filosófica e pela religião, o sentido de humanidade[33]. Pode-se compreender facilmente, assim, o simbolismo do número doze escolhido por Chiang, em referência à expressão bíblica das "doze tribos de Israel" e também à Epístola de Tiago, que menciona as "doze tribos que andam dispersas". Os heptápodes voltam para casa, mas não sem antes deixar duas mensagens aos terráqueos. A primeira forma um quebra-cabeça, dividido em doze partes, cada uma dirigida a uma das doze tribos. Para traduzi-lo e acessar seu conteúdo, elas terão de colaborar entre si, fazer humanidade juntas. A segunda explica que, se eles oferecem aos anfitriões da Terra a visão de mundo veiculada por sua língua, isso se deve ao fato de saberem que daqui a três mil anos precisarão da ajuda dessa nova humanidade criada a partir desse encontro de terceiro grau.

Trata-se de um presente e de um contrapresente, mesmo que seja uma promessa para um futuro longínquo. Mas o que significa o tempo a partir de então? O essencial se encontra no sentido dessa troca, que não é transação, mas caridade. A esse respeito, uma cena fundamental, tanto no conto quanto no filme, é quando Hannah pergunta à sua mãe qual seria a palavra para se referir a uma troca em que ambas as partes ganham. Louise propõe o termo *win-win*, mas, a este "ganha-ganha", sua filha prefere uma solução mais erudita. "Jogo de soma diferente de zero" será a expressão escolhida por ela. Tal é, de fato, a natureza desse jogo em que todos ganharam (extraterrestres e seus interlocutores) pela tradução, pelo intercâmbio entre línguas, uma vez que fizeram humanidade juntos.

---

33. Henri Bergson, *Les Deux Sources de la morale et de la religion*. Paris: Presses Universitaires de France, 1976 [1932]. [Ed. bras./port.: *As duas fontes da moral e da religião*. Trad. Miguel Serras Pereira. Coimbra/São Paulo: Edições 70/Almedina, 2019.]

Afinal, trate-se da experiência antropológica de pensamento ou da ficção de uma tradução radical, a lição é a mesma: qualquer que seja a distância que separa as línguas, a tradução as põe em relação e as *compara*. Vamos agora analisar essa lição sob a lente da dominação colonial.

CAPÍTULO 2
O ATRAVESSADOR[1] E O TRADUTOR

> E eu diria que, da mesma forma que existem rádios piratas, existe um uso pirata da língua, e é isso que constitui uma literatura menor. Sim, em certo sentido, a literatura negra de expressão francesa é também uma literatura pirata. Evidentemente, essa definição não a esgota. Não podemos nos contentar apenas com a constatação de que a língua foi raptada e sofreu desvios. Precisamos assumir a tarefa de nos perguntarmos o que se tornou a língua nas mãos daqueles que dela se apoderaram e se continua sendo, afinal de contas, a mesma língua. Ou pelo menos a mesma linguagem.
> Língua desviada, sem dúvida.
> Língua desencaminhada, decerto.
> Mas talvez também língua reenergizada e dinamizada.[2]
>
> AIMÉ CÉSAIRE

Amadou Hampâté Bâ (1901-1991) narra uma cena de tradução na biografia do homem que foi seu tutor, mestre e guia espiritual no Mali sob colonização francesa: Tierno Bokar Salif Tall, apelidado de "o Sábio de Bandia-

---

1. Diagne emprega aqui o vocábulo *truchement*, de uso literário e relativamente raro. Trata-se do sujeito que carrega a palavra de outra pessoa, desempenhando a função de um intermediário, de um porta-voz, aí subentendido que ele não insere, nessa palavra, nada de seu. No contexto da prática tradutória, o *truchement* é um intérprete perfeitamente transparente, um tradutor que intermediaria de maneira "neutra" a comunicação entre duas pessoas que não falam a língua uma da outra, permitindo que suas palavras "atravessem" de um lado para o outro, sem adições ou supressões. [N. dos T. e do E.]

2. Aimé Césaire, "Genève et le monde noir", in Annick Thébia-Melsan (org.), *Aimé Césaire: Pour regarder le siècle en face*. Paris: Maisonneuve & Larose, 2000, p. 27.

gara"[3]. A cena se inicia com o comparecimento de Tierno diante do representante da administração colonial na cidade malinesa de Mopti para responder pelo crime de ser antifrancês, uma vez que estava filiado a um movimento religioso visto como de oposição à ação francesa nas suas colônias da África Ocidental. Conhecido como movimento das "onze contas" (seus membros tinham o hábito de recitar onze vezes determinada litania), tratava-se de uma ramificação dissidente da Tidjaniya, uma confraria sufi cuja política visava, em linhas gerais, à conciliação com o poder colonial. Para a maioria dos discípulos dessa escola mística, a prática adotada era a de recitar a litania doze vezes, não onze. Entre os adeptos das "doze" e os das "onze" contas, a divisão tornou-se profunda; ela separava também os membros da família Tall, reconhecidos como os principais guias da Tidjaniya na região. Tierno provinha dessa família, mas, com seu rosário islâmico composto de onze contas, pertencia à minoria considerada dissidente e rebelde pela maioria do clã Tall, o qual, aos olhos da administração colonial, constituía um *establishment* e era visto como aliado.

A lábia de um atravessador

Um dia, o comandante do círculo[4] de Mopti, de nome Levavasseur, convoca Tierno para uma audiência, a fim de decidir se era o caso de deixá-lo livre ou prendê-lo. O administrador colonial, é preciso lembrar, tinha plenos

---

3. Amadou Hampâté Bâ, *Vie et enseignement de Tierno Bokar. Le Sage de Bandiagara*. Paris: Seuil, 1980.
4. A administração colonial dividiu o território em "círculos" submetidos à autoridade de "comandantes".

poderes sobre os nativos, incluindo o poder judiciário. Escoltado por um homem que cumpria funções de intérprete, permitindo que o administrador compreendesse o que diziam os súditos da França e, ao mesmo tempo, que estes compreendessem as ordens e decisões que o administrador desejava proferir, Levavasseur, acompanhado ainda de alguns notáveis (entre eles, um dos parentes Tall de Tierno), recebe o guia espiritual para um interrogatório do qual dependia sua liberdade.

Com raiva e com pressa de resolver logo o assunto, o administrador vai direto ao ponto: "Tierno Bokar", pergunta, num francês bem nítido, "está preparado para retornar à prática das doze contas, da qual é um dos grandes chefes, de modo que possamos encerrar essa questão, sim ou não?"[5] O intérprete, de nome Oumar Sy, que deveria transmitir na língua de Tierno a pergunta do comandante, dirige ao mestre espiritual a seguinte "tradução": "Tidjani Aguibou Tall, chefe de Bandiagara, juntamente com alguns notáveis, veio encontrá-lo para que você parta com ele para lá. Está preparado para acompanhá-lo?"

Tierno responde, obviamente, com um "sim", seguido de um eloquente aceno de cabeça que dispensava tradução. Oumar Sy, o intérprete, encarregou-se então de dirigir um comentário ao comandante explicando-lhe que Tierno não podia desobedecer a um ancião que havia vindo lhe pedir para segui-lo, para reintegrar a grande família dos Tall e para retomar a prática espiritual das "doze contas" nos termos que fora sempre reconhecida e praticada. Tierno pôde ir embora em liberdade, e o comandante Levavasseur, satisfeito por ver a ordem restabelecida, pôde concluir no seu relatório aos registros do círculo de

---

5. O interrogatório e a sentença final encontram-se em A. Hampâté Bâ, *op. cit.*, p. 104.

Mopti: "Neste dia, Tierno Bokar Salif Tall e os membros da sua família compareceram diante de mim. O marabuto Tierno Bokar retornou à prática das 'doze contas' e abandonou a prática das 'onze contas'. Seus familiares vieram buscá-lo. Tudo está resolvido. O caso está encerrado."[6]

Talvez seja necessário fazer aqui um longo parêntese para elucidar melhor esse "caso", explicando o que é a Tidjaniya e o que significa essa oposição, essa contenda um pouco insólita, entre as "onze contas" e as "doze contas".

Bokar Salif Tall, respeitosamente chamado de "Tierno", ou "mestre" na língua fula, era um guia espiritual da ordem mística conhecida como Tidjaniya, cujo nome vem do seu fundador, o xeique Ahmad at-Tidjani. Nascido em Aïn Madhi, na Argélia, Tidjani viveu e ensinou a filosofia e as práticas da sua linhagem sufi em Fez, no Marrocos, onde morreu e foi enterrado em 1815. Entre as litanias recitadas regularmente pelos discípulos da ordem ao percorrerem as contas do rosário, há uma oração sobre o profeta do Islã chamada "A pérola da perfeição", que, conforme os textos da linhagem determinam, deve ser recitada onze vezes, marcando onze contas do rosário. A tradição relata que a oração foi recitada doze vezes numa ocasião em que o próprio fundador da Tidjaniya não pôde se juntar aos seus discípulos antes de terminarem a recitação. Os discípulos acrescentaram então uma conta para que o mestre entoasse com eles "A pérola da perfeição". É essa a prática que estabeleceu a tradição das "doze contas" paralelamente à da prática das "onze contas", que também reivindica para si a ortodoxia textual.

Embora a Tidjaniya tenha nascido no extremo norte da África, é um pouco mais ao sul, do Senegal ao Sudão,

---

6. *Ibid.*, p. 105.

que ela tem mais discípulos. A ordem difundiu-se sobretudo no oeste do continente, em razão da *jihad* promovida por um dos grandes mestres da tradição, o xeique El Hadj Omar Tall, falecido em Bandiagara em 1864, e principalmente do trabalho missionário dos guias espirituais locais. Os membros da família Tall adquiriram seu prestígio através do seu antepassado El Hadj Omar. Foi durante os anos 1920 que se desenvolveu, na região formada pelos territórios do Mali, da Mauritânia e do Senegal, uma ramificação *tidjane* praticante das "onze contas", cujo chefe espiritual era o xeique Hamallah. Quando essa ramificação entrou em conflito com a administração colonial, a disputa com o grupo majoritário, o das "doze contas", tomou uma via política extremamente violenta. Hamallah foi encarcerado de 1925 a 1930 e depois deportado para a Costa do Marfim. Libertado em 1936, graças à chegada ao poder na França do Front Populaire, Hamallah retornou à sua cidade, Nioro. Ainda visto como "antifrancês", suspeitava-se que estivesse preparando uma *jihad* anticolonial. Acabou por ser preso novamente em 1940 e deportado para a França em 1942, onde morreu no ano seguinte. Foi enterrado em Montluçon.

Tierno Bokar aderiu à prática das "onze contas" em 1937, ano em que conheceu o xeique Hamallah. A maioria da família Tall considerou essa "conversão" uma traição. Após a cena de interrogatório narrada há pouco, não se demorou a descobrir que o assunto não estava encerrado, como imaginara Levavasseur, e que Tierno nunca havia de fato renunciado à prática das "onze contas". Esse pacifista, cuja vida e ensinamentos foram muitas vezes comparados aos de São Francisco de Assis, foi então banido e mantido em prisão domiciliar até sua morte, em 1940, terminando assim sua persecução penal. Oumar Sy, intérprete do comandante Levavasseur, conseguiu apenas adiar o que afinal aconteceu. O calvário de Tierno Bokar, no entanto, só fez aumentar sua reputação de homem santo.

O que a cena do julgamento e da perspicácia do intérprete mostra é, antes de mais nada, que a colonização precisa de tradutores. Quando não temos a intenção de ir ao encontro do outro na língua dele, mas sim de subjugá-lo na nossa, somos confrontados com essa necessidade manifestada pelo historiador e político britânico Lord Thomas Macaulay (1800-1859) no seu famoso "Relatório" de 1835 sobre a "educação na Índia" e sobre a melhor maneira de aplicar os fundos destinados para o "desenvolvimento intelectual dos povos da Índia"[7].

Ao fazer o que para ele era uma simples constatação (de que "os dialetos comumente usados pelos nativos não contêm nenhuma informação literária ou científica"), Macaulay afirma que, "se tivesse de ser traduzida para essas línguas qualquer coisa de valor", elas precisariam passar primeiro por um intenso processo de enriquecimento. O único desenvolvimento possível só poderia vir, pois, de uma língua distinta dos falares vernaculares usados por tais povos. Macaulay se pergunta, então, se essa língua poderia ser o sânscrito ou o árabe (isto é, as línguas das "leis hindus e maometanas"), de maneira que o reconhecimento recebido por esses dois idiomas fosse visto como prova de certa abertura e de uma vontade de cooperação por parte do poder britânico.

Mas essa pergunta era puramente retórica, e ele logo a descarta. Não se podia cogitar seriamente uma escolha como essa diante de línguas que não haviam produzido,

---

[7]. Thomas Macaulay, "Minute on Indian Education", in B. Ashcroft, G. Griffiths e H. Tiffin (orgs.), *The Postcolonial Studies Reader*. Nova York: Routledge, 1994.

O ATRAVESSADOR E O TRADUTOR

nem mesmo em matéria de poesia, nada comparável ao que oferecem as línguas das "grandes nações europeias"! Quanto à "cooperação", por que aqueles cujo papel era apenas o de aprender teriam algo a dizer sobre a língua da sua educação, sendo tal decisão privilégio exclusivo dos professores?

O inglês devia ser, portanto, a língua da educação e do desenvolvimento intelectual dos nativos, já que, nota Macaulay, "ele predomina mesmo entre as línguas ocidentais". O inglês deve ser para a Índia o que o grego e o latim foram para a Europa, acrescenta o lorde britânico, concluindo que, dadas as limitações impostas pelos poucos recursos,

> precisamos dar hoje o nosso melhor para constituir uma classe de possíveis intérpretes entre nós e os milhões que administramos: uma classe de pessoas que seriam indianas pelo sangue e pela cor, mas inglesas no gosto, nas opiniões, na moralidade e no intelecto. Poderíamos confiar a essa classe a tarefa de aprimorar os dialetos vernaculares do país, enriquecendo-os com palavras científicas oriundas do léxico ocidental, e assim transformá-los progressivamente em veículos capazes de levar de forma adequada o conhecimento à grande massa da população.[8]

Para colonizar e administrar, são necessários, portanto, intérpretes. Mas eles devem ser somente isso, "veículos", como diz Macaulay. Ou seja, meros "atravessadores". Deve-se notar que, embora tal palavra[9], emprestada do árabe *tarjumān* (que designa o "tradutor"), conserve seu significado original em francês, essa primeira

---

8. *Ibid*.
9. Diagne refere-se aqui à palavra francesa *truchement*, que exploramos em nota anterior. [N. dos T.]

significação geralmente se apaga no uso comum, tendo apenas o sentido de "instrumento", de "meio". O que se exige do intérprete colonial é que seja um atravessador, um intermediário por meio do qual a palavra seja veiculada para os "milhões que administramos" e que, em sentido inverso, também transmita àquele que toma as decisões as informações necessárias. Cabia a Oumar Sy, aos olhos do comandante Levavasseur, não ser nada além de um atravessador, de um intermediário.

Oumar Sy, no entanto, assumiu por conta própria o papel de *mediador* (*médiateur*). É esta a segunda lição da cena do julgamento de Tierno Bokar pelo comandante do círculo de Mopti: a administração colonial não tem como impedir que aqueles que ocupam a posição privilegiada de intermediários tornem-se também mediadores[10].

Ora, o que fez Oumar Sy ao ludibriar seu chefe?

Levavasseur fez uma pergunta fechada, que exigia como resposta "sim" ou "não", sem ambiguidades, e supunha que Oumar Sy fosse um simples canal pelo qual suas palavras em francês seriam transformadas em palavras da língua fula, sem que nada do sentido absolutamente claro de sua pergunta se perdesse no processo de tradução. E, seguindo a mesma lógica, acreditava que a

---

10. Yves Citton opõe o "sonho de um canalizador que seria um *intermediário* perfeitamente transparente, capaz de 'transmitir sem transformar' minimamente o que passa por ele", àquilo que Bruno Latour, também mencionado por Citton, chama de *mediador* "para designar o agente de um processo de comunicação no qual só se pode transmitir transformando". Citton acrescenta: "O mediador intervém geralmente numa situação de conflito, em que os beligerantes bombardeiam uns aos outros por meio de mensagens. Ele precisa, portanto, não apenas transformar as mensagens para traduzi-las de uma língua para outra, mas, se necessário, também saber mentir um pouco, contorcer discretamente a verdade, para levar os inimigos à mesa de negociação e, daí, a um acordo de paz." Ver Yves Citton, *Médiarchie*. Paris: Seuil, 2017, p. 46.

resposta do acusado chegaria à língua imperial *salva veritate*, acompanhada, ainda, dos sinais físicos da linguagem corporal (que tendem a ser considerados universais), indicando uma resposta positiva ou negativa.

Ora, ocorre que o intérprete se fez agente, deixando de ser um simples instrumento. Ele passa a manifestar a realidade daquilo que Homi Bhabha chama de um "terceiro espaço"[11] dentro do império colonial, participando simultaneamente do *imperium* e do mundo colonizado. Esse espaço, que atualmente chama a atenção dos historiadores da colonização e dos especialistas em *translation studies*, é o dos agentes auxiliares da administração, principalmente os intérpretes, que redefiniram seu papel ao ultrapassar a função de meros atravessadores tornando-se verdadeiros *mediadores culturais*.

Oumar Sy é, pois, um mediador. Enquanto Levavasseur deseja uma situação simples que envolva uma interação unilinear e uma decisão automática, Oumar Sy, por sua vez, sabe que traduzir significa levar em conta toda a complexidade do contexto cultural e que isso jamais poderá se reduzir a uma pura técnica de transposição das palavras de uma língua para outra.

Para Levavasseur, as coisas têm a linearidade de uma sucessão de equações: *onze contas = anti-França = baderna = não vou admitir isso na minha área*. Já para seu intérprete, é preciso compreender a totalidade, o que não pode ser feito por meio de uma pergunta fechada, à qual se deve responder obrigatoriamente com "sim" ou "não". Pois, de um lado, "sim", Tierno havia se tornado de fato um

---

11. Homi Bhabha, *The Location of Culture*. Londres/Nova York: Routledge, 2004 [1994], p. 55. [Ed. bras.: *O local da cultura*. Trad. Myriam Avila, Eliane Livia Reis e Glauce Gonçalves. Belo Horizonte: Editora UFMG, 2018, p. 66.]

membro da seita das onze contas; de outro, "não", ele não é um baderneiro, mas um homem de estudo, de ensino e de contemplação, que passou das doze contas do seu rosário para as onze não por causa da oposição à França, mas por razões puramente espirituais. A interpretação manipuladora de Oumar Sy não foi, afinal, uma traição ou uma infidelidade ao sentido, mas, pelo contrário, um verdadeiro ato de *tradução*, porque reflete bem a totalidade da situação. Dessa perspectiva, portanto, seu gesto encarna uma absoluta sinceridade.

Pode-se dizer, em suma, que o intérprete deixou de ser um mero atravessador e se fez tradutor. Destarte, o tradutor é aquele que dispõe de uma completa compreensão cultural da situação, e é isso o que ele comunica, em vez de se limitar tão somente a transmitir de uma língua para outra aquilo que lhe é solicitado. Não é surpreendente, portanto, que muitos dos indivíduos que a administração colonial francesa na África recrutou para servirem como seus atravessadores tenham se tornado mais tarde escritores que traduziram na língua imperial a oratura[12] das suas culturas.

Traduzir a oratura

Foi assim, por exemplo, que Amadou Hampâté Bâ, um dos mais famosos tradutores de oratura para a literatura francófona e a quem devemos o relato da vida e dos ensinamentos de seu mestre, Tierno Bokar, começou sua carreira como intérprete a serviço da administração colonial. Como outros, ele rapidamente transformou a fun-

---

12. Adoto aqui o termo empregado por muitos para dizer "literatura oral".

ção de *escritor-intérprete*, denominação oficial desse tipo de auxiliar, na de *escritor* propriamente dito: deixando de ser "a voz de seu mestre", o atravessador, que transporta vozes de um lado para o outro, encontrou então a própria voz. O intérprete tornou-se intérprete de si mesmo e de sua cultura[13], ou seja, um *tradutor*.

Hampâté Bâ é célebre, entre outros motivos, por ter sido um arauto da preservação do tesouro da oratura contra o risco do esquecimento e da perda. Porque a oratura é uma literatura (entendida no sentido de saberes e humanidades) escrita na memória viva daqueles que a transmitem, ele proferiu esta frase, que se tornou um verdadeiro provérbio: "Um velho que morre é uma biblioteca que queima." Sendo assim, a única maneira de salvar essa biblioteca da destruição é retirá-la de seu recipiente vivo, mas atualmente condenado à morte, e guardá-la na perenidade da escrita. É preciso, pois, transvasar a memória[14].

---

13. "O intérprete como intérprete de si" é justamente a tradução do título de um ensaio do antropólogo americano Ralph Austen dedicado a esses importantes auxiliares da administração colonial. Ver Ralph Austen, "Interpreters Self-Interpreted: The Autobiographies of Two Colonial Clerks", in B. Lawrance, E. Osborn e R. Roberts (orgs.), *Intermediaries, Interpreters, and Clerks: African Employees in the Making of Colonial Africa*. Madison, WI: University of Wisconsin Press, 2006.

14. Segundo Antoine Berman, "seria o caso de se *estudar* todas as palavras-chave que servem para definir, em cada língua, o ato de traduzir, suas formas, suas exigências etc., começando por aquelas que designam a própria tradução: tradução, translação, *Übersetzung* etc." (A. Berman, *La Traduction et la lettre, op. cit.*, p. 74 [citado conforme a ed. bras., p. 135]). Faço aqui a observação de que a palavra "transvasar" (*transvaser*), empregada por mim, se diz, em uólofe, *sotti*, que significa também "traduzir". Outra palavra em uólofe para "traduzir" é *tekki*, que significa, literalmente, "desatar" – o que implica, portanto, que a tradução desfaz na língua de chegada a maneira como se interpenetram, na língua de partida, a significação e as palavras. O mesmo se pode dizer de uma

Alguns poderão destacar o caráter contraditório da preservação da palavra viva através da escrita, que, conforme já afirmava Platão, é uma forma de petrificação. Poderão acrescentar ainda que a oratura morre duas vezes: primeiro, ao tornar-se escrita; em seguida, ao ser transvasada na língua colonial, para nela se tornar literatura. E poderão ver na noção de uma literatura africana de *expressão* francesa, por exemplo, uma capitulação e um paradoxo.

Uma capitulação porque fazer existir a oratura na língua imperial seria um ato de rendição, um pagamento de tributo. Como diria Pascale Casanova, traduzir-se para o francês significa reconhecer a "hipercentralidade" e a superioridade dessa língua e admitir, portanto, que para ser algo é preciso efetuar uma *ascensão* a fim de *existir* nessa língua. Um paradoxo porque, ao ser expresso em francês, o imaginário africano perderia sua alma, isto é, sua africanidade.

Em oposição a essa forma de entender o nacionalismo linguístico, para o qual não pode haver literatura africana se ela não estiver em *língua africana*, pode-se argumentar que uma literatura, que chamarei aqui de *literatura de tradução*, foi capaz de fazer do inglês, do francês e do português justamente *línguas da África*. Refiro-me àquela literatura que se desenvolveu no interior do gênero do "conto" na África sob colonização francesa, no qual se destacaram autores como Amadou Hampâté Bâ, o costa-marfinense Bernard Dadié (1916-2019) e os senegaleses Birago Diop (1906-1989) e Léopold Sédar Senghor (1906-2001). Não se deve esquecer, aliás, que Senghor foi também, com Abdoulaye Sadji (1910-1961), coautor de um

---

terceira palavra, *firi*, que também tem o sentido de "traduzir" e significa, literalmente, "desfazer as tranças".

livro infantil que, sob o título *La Belle Histoire de Leuk-le--Lièvre*, é uma tradução para o francês da história das proezas de uma lebre, animal que é o herói de muitos contos dos países da savana da África Ocidental[15].

Esse livro de leitura para os anos iniciais do ensino fundamental se apresenta como uma sucessão de contos traduzidos da oratura e cujo protagonista é a lebre – *leuk* em uólofe –, personificação da astúcia. Os contos estão dispostos formando uma narrativa única, desde o momento em que o personagem Leuk anuncia o próprio nascimento até a ocasião em que termina de educar o filho do Homem, irmão do Leão, rei da selva, preparando-o para sua responsabilidade, que é a de governar com a sabedoria que adquiriu ao crescer entre os animais, aplicando-a agora numa selva de outra natureza, o mundo dos humanos. Senghor e Sadji organizam os contos da oratura num arco que os transforma numa narrativa relativamente contínua e num verdadeiro romance de iniciação.

É isso que, a título de exemplo, significa aqui recriar, na escrita, a oratura, com toda a fidelidade e a traição assumida que são constitutivas da tarefa de traduzir. O mesmo poderia ser dito da coletânea organizada por Bernard Dadié sob o título *Le Pagne noir* [A tanga preta][16] ou dos *Contes d'Amadou Koumba*, bem como dos *Nouveaux Contes d'Amadou Koumba*, de Birago Diop[17].

Antes de voltarmos a esse autor e à sua recriação em francês dos contos coletados a partir de "Amadou

---

15. Léopold Sédar Senghor e Abdoulaye Sadji, *La Belle Histoire de Leuk-le-Lièvre*. Paris: Hachette, 1953.

16. Bernard Dadié, *Le Pagne noir: Contes africains*. Paris: Présence Africaine, 1955.

17. Birago Diop, *Les Contes d'Amadou Koumba*. Paris: Présence Africaine, 1947; *Les Nouveaux Contes d'Amadou Koumba*. Paris: Présence Africaine, 1958.

Koumba", é preciso assinalar que a história desse gênero parece dar razão, à primeira vista, àqueles que veem na *literatura de tradução* uma espécie de pagamento de tributo à língua imperial.

De fato, os autores dessa literatura frequentemente foram administradores coloniais que publicaram, em geral, "traduções" do tipo que Antoine Berman chamaria de "apropriadoras", "redutoras" e, poderíamos acrescentar, condescendentes. Esses administradores, aos quais devemos, como escreve o antropólogo Ralph Austen, muitas das primeiras coletâneas de textos orais, "tinham como objetivo profissional o controle dos africanos e, por isso mesmo, consideravam o estudo de sua literatura como uma chave preciosa para acessar a 'psicologia dos nativos'"[18]. Podemos encontrar um modelo disso no livro publicado em 1913 por François-Victor Équilbecq, administrador adjunto das colônias, sob o título *Essai sur la littérature merveilleuse des noirs, suivi de Contes indigènes de l'Ouest africain français* [Ensaio sobre a maravilhosa literatura dos negros, seguido de Contos nativos da África Ocidental Francesa][19]. E é exatamente como uma tradução "apropriadora", tradução-instrumento, que Maurice Delafosse, no seu prefácio, apresenta a obra, assinando o texto como "Administrador-Chefe das Colônias":

> Para conhecer bem uma raça humana, para apreciar sua mentalidade, para identificar seus processos de raciocínio, compreender sua vida intelectual e moral, não há

---

18. Ralph Austen, "Africans Speak, Colonialism Writes: The Transcription and Translation of Oral Literature before World War II", in *Discussion Papers in the African Humanities*. Boston, MA: African Studies Center, Boston University, 1990, p. 2.

19. François-Victor Équilbecq, *Essai sur la littérature merveilleuse des noirs...* Paris: Ernest Leroux, 1913.

O ATRAVESSADOR E O TRADUTOR

nada melhor do que estudar seu folclore, isto é, a literatura *naïve* e despretensiosa oriunda da alma popular, revelando-se a nós na sua nudez primitiva.[20]

Austen, por sua vez, notou que os missionários foram também tradutores de muitos textos orais:

> Dado seu envolvimento em certas regiões da África e sua necessidade de aprender as línguas locais para fins de evangelização (e sobretudo de tradução da Bíblia), esses missionários produziram textos de literatura oral em condições frequentemente mais próximas do ideal acadêmico contemporâneo do que as dos administradores, [dando-nos] textos bilíngues (ou até exclusivamente nas línguas locais) [...].[21]

A distinção entre a tradução dos administradores e a dos missionários é importante. Estes últimos traduzem nos dois sentidos: a Bíblia para as línguas nativas; a oratura nativa para as línguas imperiais europeias. Encontram, no próprio cerne do trabalho de traduzir, a hospitalidade que as línguas, uma vez comparáveis, podem oferecer umas às outras.

O teólogo gambiano e americano Lamin Sanneh (1942-2019) dedicou-se, num livro notável[22], a explorar o sentido da *tradução* para "a missão", questionando o senso comum de que a prática tradutória se inscrevia totalmente na missão dita "civilizatória" da colonização. Esse sentido, salienta Sanneh, deve ser entendido, ao contrário, como um respeito pelas culturas e línguas africanas,

---

20. *Ibid.*, p. i.
21. R. Austen, "Africans Speak, Colonialism Writes", art. cit., p. 3.
22. Lamin Sanneh, *Translating the Message: The Missionary Impact on Culture*. 2ª ed. Nova York: Orbis, 2015.

na medida em que podem e devem se tornar o receptáculo da *Mensagem*.

Tomemos isso como verdadeiro. No entanto, mesmo quando os missionários rejeitam a noção "redutora" e condescendente da tradução, eles compartilham amplamente com os administradores a implementação da sua função "apropriadora". Isso é evidente na escolha corriqueira, por exemplo, de textos orais que se apresentam como narrativas cosmogônicas, cuja tradução busca mostrar que são compatíveis com o monoteísmo e com o relato bíblico da criação[23]. Mesmo que tivessem outros objetivos, as traduções dos etnólogos promoveram, na maior parte das vezes, esse tipo de achatamento a uma função de mero documento.

A literatura de tradução de autores como Bernard Dadié e Birago Diop não é a continuação desse "gênero" marcado por sua origem colonial. É, pelo contrário, sua desconstrução. Esses escritores fizeram da tradução da oratura algo bem diferente do que a apropriação imperial havia construído sob o rótulo de "contos". Fizeram dela uma *literatura* criada pela hospitalidade recíproca entre as línguas, organizando assim esse "estabelecimento de relação" que para Antoine Berman constitui a essência da tradução.

Isso não se deve ao fato de serem africanos e de seu trabalho representar uma espécie de indigenização da tradução. Deve-se à capacidade que esses escritores tive-

---

23. Nesse sentido, Ralph Austen escreve que "onde o colonialismo missionário intervém mais claramente na configuração da literatura [...] é ao mesmo tempo na construção de textos compatíveis com as concepções cristãs e na supressão de uma grande parte de tudo aquilo que entre em conflito com tais valores. Essa construção é o ponto mais significativo na proliferação de 'mitos de criação' que manifestam a dimensão monoteísta do sistema de crença africano" ("Africans Speak, Colonialism Writes", art. cit., p. 4).

O ATRAVESSADOR E O TRADUTOR

ram de descentralizar a língua imperial, impondo-lhe a suave violência da mestiçagem que o comércio de língua a língua cria[24].

Em certos aspectos, aliás, eles tiveram como precursor o poeta Blaise Cendrars (1887-1961), autor, em 1921, de uma *Anthologie nègre* que rompia com as traduções propostas até então. É verdade que Cendrars se limitou a compilar os contos recolhidos e traduzidos pelos administradores coloniais, missionários e antropólogos: sua antologia repetia em grande parte, assim, o trabalho de F.-V. Équilbecq. E é verdade também que, como afirma Christine Le Quellec Cottier, Cendrars não conseguiu "tomar distância de uma ideologia colonialista e evolucionista então dominante"[25].

Ainda assim, toda a sua empreitada vai contra uma tradução condescendente e *apropriadora*. Para ele, o transvasamento para a língua imperial não é uma valorização da oratura pelo "hipercentro"; é, ao contrário, um enfraquecimento do seu ser, como afirma a curta "nota" que se permite escrever para apresentar a antologia, abrindo mão de um prefácio ou introdução que ditaria como ler os textos ali antologizados: Cendrars considera, afinal, que "objetos e narrativas precisam ser descobertos por si mesmos, neles mesmos, sem nenhum intermediário analítico"[26].

---

24. Faço aqui uma paráfrase de Antoine Berman, que chegou a afirmar que, "na tradução, há algo da violência da mestiçagem" (*L'Épreuve de l'étranger, op. cit.*, p. 16).

25. Christine Le Quellec Cottier, prefácio a Blaise Cendrars, *Anthologie nègre, suivi de Petits Contes nègres pour les enfants des blancs, Comment les Blancs sont d'anciens noirs et de La Création du monde*. Paris: Denoël, 2005, p. xxv. [Publicado parcialmente no Brasil em *Pequenos contos negros*. Trad. Priscila Figueiredo. São Paulo: SM, 2014.]

26. *Ibid.*, p. xxiii.

Na sua "nota", depois de mencionar "trabalhos linguísticos" que demonstram, segundo ele, que "ninguém na Europa tem o direito de ignorar que a África dos Negros é um dos locais linguísticos mais ricos que existem", Cendrars afirma que esses trabalhos "são unânimes em louvar a beleza e a potência plástica dessas línguas" e que "talvez não existam no mundo outras línguas que tenham um caráter mais determinado e mais preciso de expressão"[27].

Pode-se perceber nessas palavras e nesse elogio ditirâmbico uma evidente vontade de convencer, mas dois pontos são importantes na "nota": a ênfase nas *línguas* desses contos e a insistência na sua literariedade. Não se espera que esses textos escancarem a "alma" dos nativos, mas que manifestem sua literatura, que mostrem a forma como brincam com suas palavras.

Cendrars designa alguns desses contos como "modernos" e apaga tanto as referências quanto quaisquer elementos que os reduziriam a um valor essencialmente documental, "etnográfico". Seu objetivo é devolvê-los "à sua fonte viva e [...], para isso, recriá-los"[28]. A reunião dessas histórias "para formar uma suma artística e não etnológica"[29] permitiu que a publicação de *Anthologie nègre* fosse o acontecimento literário que foi. Dar a ler, portanto, uma relação jubilosa com a linguagem e com a narrativa também levou Cendrars a incluir em sua antologia, alguns anos mais tarde, contos para crianças.

No que diz respeito às línguas africanas das quais essas narrativas foram traduzidas, o poeta nos convida a

---

27. B. Cendrars, *op. cit.*, p. 4.
28. C. Le Quellec Cottier, *op. cit.*, p. xvi. Essa recepção dos "contos negros" por Blaise Cendrars faz lembrar a recepção da "arte negra" por poetas e artistas como Apollinaire, Picasso etc. O próximo capítulo retomará essa questão.
29. *Ibid.* p. xv.

imaginar o quanto elas têm de "beleza" e de "potência plástica" para que, mesmo ao serem acolhidas numa língua europeia, os imaginários que carregam conservem, apesar da *perda* na tradução, tamanha força vital. Somos convidados, pois, a imaginar a língua de partida como possuidora de ainda mais *ser* do que se explicita na sua transcrição em um idioma europeu.

A noção de uma perda na tradução francesa, que não exclui a possibilidade de um júbilo do "estabelecimento de relação" e da mestiçagem das línguas, é justamente o que se exprime na reinvenção do gênero do conto pelo atravessador, agora transformado em escritor, que foi Amadou Hampâté Bâ, mas também pelos autores clássicos dessa literatura, como Bernard Dadié ou Birago Diop.

A língua inseminada

Birago Diop gostava de dizer, em relação a essa retomada criativa de textos orais, que ele era apenas o tradutor, isto é, um pálido imitador da performance oral (mais bela e mais viva) do griô Amadou Koumba. Ao intitular duas das suas coletâneas de *Les Contes d'Amadou Koumba* e *Les Nouveaux Contes d'Amadou Koumba*, Diop conseguia apresentar, já na capa dos livros, os nomes do tradutor para o francês (ele mesmo) e do verdadeiro autor em uólofe, a "fonte viva" dos textos (Amadou Koumba).

Para Diop, é realmente importante se dizer "tradutor" do griô, a fim de mostrar que a oratura já é literatura, enquanto performance numa língua específica, com técnicas narrativas próprias, e não a emanação de uma "alma" coletiva à espera de ganhar forma, sentido e valor na e pela língua "hipercentral".

Léopold Sédar Senghor escreveu um prefácio a *Les Nouveaux Contes d'Amadou Koumba* no qual dialoga com o texto escrito pelo próprio Diop como "introdução" à sua primeira coletânea dos *Contes*. Diop havia escrito:

> Se não fui capaz de pôr no que narro a atmosfera em que se banhavam o ouvinte que fui e aqueles que vi, atentos, vibrantes ou meditativos, é porque me tornei homem, portanto uma criança incompleta, incapaz, assim, de recriar o maravilhoso. É que me falta sobretudo a voz, a verve e a mímica do meu velho griô. Na trama sólida dos seus contos e das suas máximas, servindo-me do seu tear tão perfeito, quis, tecelão desajeitado, empunhando uma agulha hesitante, confeccionar algumas tiras para formar um tecido no qual a avó, se pudesse voltar, reconheceria o algodão que ela já fiava antes de nós e no qual Amadou Koumba reconhecerá, provavelmente com muito menos vida, os coloridos dos belos tecidos que outrora urdiu para mim.[30]

O prefácio de Senghor recupera essa comparação do texto traduzido como um tecido que, durante o processo de tecedura, perdeu a vivacidade das suas cores originais. Para Senghor, não devemos nos deixar enganar pela afirmação de Diop unicamente como *traduttore* e, portanto, inevitavelmente *traditore* [traidor] do griô. É preciso ver aí uma simples "modéstia", para não dizer coquetismo, do autor[31].

---

30. B. Diop, *Les Contes d'Amadou Koumba*, *op. cit.*, introdução, pp. 11-2.

31. Nas palavras de Senghor: "Ora, Birago Diop não pretende, portanto, fazer uma obra original; ele se considera um discípulo do griô Amadou, um filho de Koumba, cujas palavras ele se contentaria em somente traduzir. Mas, como se pode adivinhar, isso é modéstia. Pois Birago Diop não se contenta em traduzir palavra por palavra. Ele viveu,

Diop é, na verdade, o recriador dessas histórias, que ganham uma vida outra, plena, forte, nova, numa língua que, a partir do momento que acolhe no seu cerne a oratura à qual o tradutor a abriu, já não é mais estrangeira. A língua da performance oral não desaparece: continua a existir e a produzir efeitos literários.

Em "Orphée noir" [Orfeu negro], prefácio que escreveu para *Anthologie de la nouvelle poésie nègre et malgache de langue française* [Antologia da nova poesia negra e malgaxe em francês], de Senghor[32], Jean-Paul Sartre viu na escrita dos poetas negros assim reunidos uma forma de apropriação, por parte dos colonizados do império, da língua colonial, virando-a do avesso para poder expressar outra ontologia, outra estética, outra verdade que não as verdades imperiais. O texto de Sartre permanece, dessa forma, como uma das melhores definições do que significa *contraescrever*: efetuar um descentramento da língua hipercentral para engajá-la no seu devir africano.

Especificamente em relação a Diop, Sartre observou também que em nenhum outro escritor é possível sentir, no francês clássico mais puro (tal como escrevia esse poeta que era antes de tudo um contador de histórias), a presença da língua e da oratura africanas. E é essa escrita da copresença das línguas que faz o estilo tão característico da obra de Diop e, mais largamente, de uma literatura africana em francês: um estilo do entrelugar, uma estética de língua a língua.

---

como só os ouvintes negro-africanos sabem fazer, as narrativas do griô, repensou e escreveu essas histórias enquanto artista ao mesmo tempo negro e francês, consciente de que *traduttore, traditore*" (in B. Diop, *Les Nouveaux Contes d'Amadou Koumba*, op. cit., prefácio, p. 7).

32. Léopold Sédar Senghor, *Anthologie de la nouvelle poésie nègre et malgache de langue française* (precedido de "Orphée noir", de Jean-Paul Sartre). Paris: Presses Universitaires de France, 1969 [1948].

Ao refletir sobre a ambivalência do tradutor, que "quer puxar a corda para ambos os lados" – "forçar sua língua a se deixar impregnar pela estrangeiridade, forçar a outra língua a se deslocar diante da sua língua materna" –, Antoine Berman naturalmente se volta, numa longa nota, para a posição dos "escritores não franceses que escrevem em francês" e para "as literaturas dos países francófonos"[33]. Pois o "francês estrangeiro" desses escritores, como Berman o chama, a maneira como vêm "habitar nossa língua", é a melhor ilustração do que ele diz sobre a tradução: que sua essência é ser uma fertilização cruzada. O poeta mauriciano Édouard Maunick (1931-2021), que Berman cita no final da sua nota, expressa isso bem: trata-se de "inseminar o francês".

---

33. A. Berman, *L'Épreuve de l'étranger*, op. cit., p. 18.

CAPÍTULO 3
TRANSLAÇÕES DA ARTE CLÁSSICA AFRICANA

> Os objetos são, mais do que nunca, migrantes, assim como os homens, as culturas e as línguas. O que aconteceria se realmente considerássemos isso um elemento determinante de nossa época, um fato diferente das antigas migrações humanas e dos colonialismos de todo tipo? Como definir a nova época de transferências tradutórias que estamos vivendo?[1]
>
> Barbara Cassin e Danièle Wozny

No dia 28 de novembro de 2017, na Universidade de Uagadugu, em Burkina Faso, o presidente francês, Emmanuel Macron, expressou, em seu discurso, a vontade de refundar sobre novas bases as relações entre a França e a África. Para dar prova dessa vontade, reconheceu que, como uma parte considerável da arte clássica africana se encontrava essencialmente nos museus da Europa, tinha havido uma espoliação que pedia reparação. Disse ele nessa ocasião: "O patrimônio africano não pode estar unicamente em coleções privadas e museus europeus. O patrimônio africano deve ser valorizado em Paris, mas também em Dacar, em Lagos, em Cotonu; essa será uma das minhas prioridades."

Foi pedido a Felwine Sarr e Bénédicte Savoy, então, que preparassem um relatório sobre as modalidades daquilo que havia sido anunciado no discurso como "restituições temporárias ou definitivas do patrimônio africano à África". Os autores agiram prontamente, e seu

---

1. Barbara Cassin e Danièle Wozny, *Les Maisons de la sagesse-Traduire. Une nouvelle aventure*. Paris: Bayard, 2021, p. 230.

relatório se tornou uma importante obra de reflexão não apenas sobre o que poderia ser o processo de restituição, mas também sobre o papel que este poderia desempenhar na definição das relações futuras entre museus do Norte e do Sul[2].

O discurso feito em Uagadugu desencadeou, assim, uma dinâmica que já rendeu a restituição de alguns objetos ao Benim e ao Senegal – mas "a luta da África pelo retorno de seu patrimônio" tem uma longa história, que começa antes do nascimento de Macron. A expressão "a luta da África por sua arte" é o título da obra que Bénédicte Savoy publicou, na sequência do relatório do qual é coautora, para esclarecer as diferentes etapas que marcaram a longa caminhada em direção ao "retorno de um patrimônio cultural insubstituível para aqueles que o criaram"[3], nas palavras de Amadou-Mahtar M'Bow, citadas no relatório Sarr-Savoy.

Entre as diferentes datas importantes que sustentam esse longo combate, Savoy distingue justamente o ano de 1978, que foi aquele do discurso, ainda célebre, de M'Bow, então diretor-geral da Unesco. O trecho a seguir é o ponto principal do discurso, no qual ele fala daqueles povos que, junto com seu patrimônio artístico, "foram despossuídos" de certa "memória":

> [Esses povos] certamente sabem que a destinação da arte é universal; estão conscientes de que essa arte que

---

2. Felwine Sarr e Bénédicte Savoy, *Restituer le Patrimoine africain*. Paris: Philippe Rey/Seuil, 2018.

3. Bénédicte Savoy, *Africa's Struggle for its Art: History of a Postcolonial Defeat*. Trad, (do alemão para o inglês) Susanne Meyer-Abich. Princeton/Oxford: Princeton University Press, 2021. [Ed. bras.: *A luta da África por sua arte: História de um malogro pós-colonial*. Trad. Felipe Vale da Silva. Campinas: Editora Unicamp, 2022.]

conta sua história, sua verdade, não a conta apenas para eles nem somente por eles. Eles se regozijam de que outros homens e mulheres, em outros lugares, possam estudar e admirar o trabalho de seus ancestrais. E sabem também que certas obras partilharam durante tempo demais e de maneira demasiado íntima a história de sua terra de empréstimo para que sejam negados os símbolos que as ligam a ela e que se arranquem todas as raízes que elas criaram ali.[4]

Note-se a inscrição dessas obras em dois registros metafóricos diferentes: um, em que elas são plantas; outro, em que são linguagem.

A força dos fetiches

Comparar, desse modo, os objetos africanos a tipos de rizomas que sempre lançam raízes em "terra de empréstimo" significa lembrar que sua viagem não foi apenas um deslocamento, mas também, literalmente, uma *transplantação*. Dizer que esses objetos "falam", que "contam" uma "história", sua "verdade" em sua língua original, e que, ao mesmo tempo, eles se abriram à linguagem de "outros homens e mulheres" em "terra de empréstimo", em territórios diferentes daqueles onde foram criados, significa manifestar que sua viagem foi igualmente *tradução*. Falarei, assim, de sua *translação*, para brincar com o sentido que essa palavra assumiu em inglês, mas também com sua significação em linguística[5].

---

4. Citado em F. Sarr e B. Savoy, *op. cit.*, p. 38.
5. Em linguística, o termo indica a mudança, por exemplo, de uma palavra de uma categoria gramatical para outra. [N. do E.: Diagne usa aqui a palavra inglesa *translation*, que significa "tradução".]

Utilizar os conceitos de *transplantação*, de *tradução* ou de *translação* não implica esquecer que, em muitos casos, é a violência colonial que está na origem da transferência das obras para os museus etnográficos na Europa, onde elas foram durante muito tempo armazenadas como "curiosidades", ou até mesmo como "monstruosidades" etnográficas: "fetiches", como eram chamadas. Esses conceitos insistem no fato de que os objetos africanos não ficaram inertes nesses museus, mas se revelaram força de vida e de transformação; eles continuaram sendo vivazes, conforme indica a metáfora vegetal. E o conceito de tradução diz que sua vivacidade significou que eles descobriram como se hospedar em novas linguagens, tornando-se assim *mediadores* e fazendo com que seus tradutores também o fossem.

Esses tradutores-mediadores foram aqueles denominados "primitivistas". Segundo nota Philippe Dagen, essa palavra continua "corrente", tal como demonstra o título *"Primitivism" in 20th Century Art: Affinity of the Tribal and the Modern*, com o qual o Museu de Arte Moderna de Nova York, o MoMA, organizou, em 1984, uma exposição que causou espécie[6]. Assim Dagen relata a história do conceito de primitivismo:

> No início do século XX, jovens artistas, inicialmente na França e na Alemanha, interessam-se de repente por objetos vindos sobretudo da Oceania, no caso da Alemanha, e da África, no caso da França. Esses artistas são os fundadores dos movimentos de vanguarda chamados Die Brücke em Dresden, fauvismo e cubismo em Paris e, um pouco depois, Der Blaue Reiter em Munique. Seus integrantes são os nomes mais famosos da época: Henri

---

6. Ver Philippe Dagen, *Primitivismes. Une invention moderne*. Paris: Gallimard, 2019, prefácio.

Matisse, André Derain, Pablo Picasso, Georges Braque, Ernst Ludwig Kirchner, Emil Nolde, Max Pechstein, Paul Klee, Vassily Kandinsky, Franz Marc. Eles foram precedidos por Paul Gauguin, cujas viagens e obras são conhecidas por todos. Graças a eles, artefatos que até então estavam relegados a museus etnográficos ou circulavam aleatoriamente em feiras de antiguidades deixam de ser curiosidades mais ou menos monstruosas ou grotescas e recebem o status de obras de arte, capazes de exercer alguma influência sobre os trabalhos de seus descobridores e admiradores. Após a Primeira Guerra Mundial, esse processo se amplia e ganha um público mais numeroso, recomeçando com o dadaísmo e o surrealismo, André Breton, Paul Éluard, Jean Arp, Joan Miró, Alberto Giacometti e André Masson. É esse o resumo da história e de seus principais protagonistas.[7]

O que a palavra "primitivismo" quer dizer, portanto, é que foram as vanguardas europeias que criaram as artes africanas. A partir de artefatos mudos, elas teriam feito obras, fornecendo uma linguagem compreensível a objetos propriamente *absurdos*. Eis como os fetiches se tornaram arte, mas arte *primitiva*. Com efeito, o interesse repentino que elas adquirem é aquele que nasce da nostalgia que se pode experimentar por um estado anterior à civilização, aquele de uma condição primeira do humano, ainda não corrompido pelo progresso e pela modernidade. Dentro de um comparativismo fundado sobre o princípio de que as sociedades e os seres humanos dividindo uma mesma condição apresentam os mesmos caracteres, estabelece-se que as populações de regiões tão distantes entre si quanto a Nova Guiné, o Gabão ou as Ilhas Marquesas – mas também os loucos ou as popula-

---

7. *Ibid.*

ções da Europa não tocada pelo progresso – criam de maneira totalmente natural artefatos análogos, que refletem o mesmo estado primeiro. E esse estado é também aquele das crianças[8]. "Primitivismo" é um conceito europeu e preguiçoso.

A natureza eurocêntrica desses artefatos *primitivos* significa que, em última análise, eles não tiveram nada a ver, por si mesmos, com a transmutação que sofreram como objetos de arte, nem *a fortiori* com a direção que imprimiram à criação artística moderna. Quando muito, teriam sido intermediários, atravessadores, por meio dos quais as vanguardas puderam se reaproximar de um estado primeiro que havia sido enterrado sob o "progresso". Assim, as vanguardas teriam sido as únicas responsáveis por inventar aquilo que seria chamado, no início do século XX, de "arte negra" (*art nègre*).

Tal conceito é igualmente preguiçoso, na medida em que autoriza a se olhar apenas para as semelhanças morfológicas aparentes, mantendo-se cego e insensível às diferenças. Não há a menor necessidade, de fato, de se fazer um exame minucioso das máscaras e esculturas para se chegar às "filosofias" das quais elas são a linguagem visual. Bastaria evocar alguma vaga capacidade das características gerais da arte dita "primitiva" para fornecer uma inspiração às vanguardas europeias.

No primitivismo, as artes africanas serão, portanto, menos a realidade de objetos identificados por seu impacto no decorrer do modernismo artístico do que a imaginação particular de poetas e artistas europeus que criam novas linguagens visuais tiradas dos próprios acervos ao mesmo tempo que constroem a significação a ser atribuída às criações dos "primitivos". Assim, essa maneira

---

8. *Ibid.*

de perceber suas artes na indistinção "reflete", segundo Joshua Cohen, "o atoleiro conceitual daquilo que o crítico literário Christopher Miller chamou de 'uma página vazia e sombria', em que a África desempenha o papel de uma tela sobre a qual se projetam as imaginações e as epistemologias ocidentais"[9].

Contra esse modo de "minimizar, de apagar ou de negar o papel das tradições artísticas não ocidentais, da África e de outras regiões no desenvolvimento do modernismo"[10], historiadores da arte como Philippe Dagen e Joshua Cohen recolocam em questão, hoje, o "primitivismo", que carrega consigo "a narrativa insistente de um gênio europeu autossuficiente"[11].

Contra o "atoleiro conceitual", trata-se, portanto, de levar a cabo um exame minucioso, uma leitura detida das *traduções* outrora efetuadas pelos artistas europeus, em posição de mediadores, da linguagem visual de artefatos que também foram, eles mesmos, mediadores, e não intermediários ou atravessadores: simples pontos de apoio de uma inspiração que declara, em definitivo: "Arte negra? Nunca ouvi falar!"[12] Assim, um aspecto importante do trabalho de Joshua Cohen consiste em seguir o rastro de esculturas identificadas até sua tradução na linguagem de obras modernas específicas. Por exemplo,

---

9. Joshua Cohen, *The "Black Art" Renaissance: African Sculpture and Modernism Across Continents*. Oakland: University of California Press, 2020, p. x.

10. *Id.*, "Fauve Masks: Rethinking Modern 'Primitivist' Uses of African and Oceanic Art, 1905-8", *The Art Bulletin*, vol. 99, n. 2, jun. 2017, p. 137.

11. *Ibid.*

12. "*L'art nègre? Connais pas!*" Trata-se da resposta de Picasso a uma pergunta do jornalista e crítico de arte francês Florent Fels para a revista *Action*, em 1920. [N. do E.]

Maurice de Vlaminck conta ter adquirido, em certa tarde do ano de 1905, num bar em Argenteuil, três estatuetas que lhe revelaram nesse dia a "arte negra" e o reviraram até o mais profundo de si mesmo, conforme suas palavras. Isso o teria levado a comprar, de um amigo de seu pai, um lote inteiro de esculturas africanas das quais esse homem queria se livrar. Entre elas, havia uma "máscara branca fang" que Vlaminck pendurou no alto de sua cama, antes de acabar cedendo-a a seu amigo Derain, que insistiu em tê-la. Foi no ateliê desse último que Picasso e Matisse a viram pela primeira vez e ficaram completamente tomados[13].

Dizer que esse foi um dos inícios da voga da "arte negra" não basta. É importante seguir a trajetória da máscara fang até o momento em que ela encontrou tradução em *Les Baigneuses* [As banhistas], de Vlaminck, e em *La Danse* [A dança], de Derain, assim como uma máscara kru da Costa do Marfim vai encontrar tradução, em 1912, na série dos violões de Picasso[14].

E, a propósito de tradução e de mediação, vale lembrar que Picasso empregou a palavra "intercessão", sublinhando sua importância, num diálogo reconstituído por Malraux: sobre as máscaras africanas, o artista espanhol teria declarado que, longe de serem "esculturas como as outras", eram *intercessoras*, acrescentando que era graças a isso que ele conhecia tal palavra em francês[15]. No fundo, é o que Amadou-Mahtar M'Bow disse das obras cujos

---

13. Essa história, contada por Maurice de Vlaminck em *Portraits avant décès*, de 1943, é longamente citada por Cohen em *The "Black Art" Renaissance*, *op. cit.*, pp. 26-7.

14. *Ibid.*, pp. 36-7 e 75-6.

15. André Malraux, *La Tête d'obsidienne*. Paris: Gallimard, 1974, pp. 17-8. [Ed. bras.: *A cabeça de obsidiana: Malraux diante de Picasso*. Trad., pref. e notas Edson Rosa da Silva. Rio de Janeiro: Editora UFRJ, 2021.]

TRANSLAÇÕES DA ARTE CLÁSSICA AFRICANA

"símbolos as ligam às suas terras de empréstimo". No extremo oposto da dominação que traz consigo a etiqueta de "primitivismo"[16], a intercessão é criação, reciprocamente, de uma relação simbólica, desse "estabelecimento de relação" que é a tradução para Antoine Berman.

Seria possível objetar aqui que, mesmo eliminando toda e qualquer referência ao primitivismo, os artistas de vanguarda, longe de serem mediadores, foram *apropriadores* (*appropriateurs*), um neologismo para lembrar que vivemos um período de grande sensibilidade à "apropriação cultural". Conferir a eles o status de intercessores seria, então, reconhecer-lhes um direito de propriedade sobre a significação de obras que não teriam, ou não teriam mais, uma significação nelas mesmas. Assim, as máscaras africanas seriam válidas, de agora em diante, somente por terem emprestado rosto às *Demoiselles d'Avignon*.

A desconfiança sistemática diante de tudo o que poderia parecer uma apropriação cultural pode recolocar em questão a noção de uma ética da tradução. Nesse ponto, o filósofo Kwame Anthony Appiah tem razão em dizer que, frequentemente, o conceito "é mal pensado" e que ele nos faz cometer "o erro de considerar as práticas culturais, de certo modo, como a propriedade intelectual de uma empresa". Na verdade, conforme ele explica, só se trata de uma violação da cultura do outro quando há falta de respeito por ela[17]. No caso da mediação das van-

---

16. Ela foi aplicada, do exterior, para caracterizar a abordagem de mediação por parte dos poetas e artistas de vanguarda. Foi assim que Cohen notou que "'primitivismo' não aparece em lugar algum nos escritos de Derain" (*The "Black Art" Renaissance*, *op. cit.*, p. 50).

17. K. A. Appiah assim responde, no *New York Times Magazine* (de 17 ago. 2021), em que assina uma coluna sobre questões éticas, a um leitor incomodado – sinal dos tempos! – que quer saber se é culpado de apropriação cultural por utilizar, numa terapia de grupo, elementos em-

guardas, houve um verdadeiro trabalho de tradução. A prova de que os artistas assumiram, com o devido respeito, a *tarefa de tradutores* das artes africanas é a paciência com que André Derain se dedicou, durante sua visita ao Museu Britânico, em Londres, em 1906, e particularmente à seção etnográfica do museu, a fazer croquis de obras "primitivas", sobretudo da Oceania. O trabalho consistiu em deixar a mão fluir, munida do giz, como se incorporasse a linguagem visual dos objetos.

Num artigo que teve grande repercussão, Simon Gikandi denunciou o fato de que os artistas de vanguarda, principalmente Picasso, não demonstraram respeito algum [à arte africana], já que, ao mesmo tempo que traduziam a linguagem visual dos artefatos oriundos desse continente, manifestavam, na melhor das hipóteses, uma profunda indiferença pela "verdadeira" África por trás desses objetos artísticos[18]. Dagen também evocou esse "paradoxo": "Admirar a arte negra e desprezar os africanos: esse paradoxo poderia se revelar persistente, por mais incômoda que seja essa observação para a bela história da arte moderna, tal como ela é contada no mais das vezes."[19]

O impacto do artigo de Gikandi se deve ao fato de constituir uma resposta eloquente ao acontecimento que foi, em 1984, a já mencionada exposição *"Primitivism" in 20th Century Art*, no MoMA, assim como ao importante catálogo que a acompanhava, organizado por William

---

prestados às culturas indígenas da América. Appiah o tranquiliza: que marca de respeito mais eloquente a de lançar mão dessas práticas para curar pessoas!

18. Simon Gikandi, "Picasso, Africa, and the Schemata of Difference", *Modernism/Modernity*, vol. 10, n. 3, 2003, pp. 455-80.

19. P. Dagen, *op. cit.*, p. 329.

Rubin[20] – uma resposta a dois pressupostos de uma história da arte que, de um lado, visa "minimizar o papel constitutivo desempenhado pela África na criação do modernismo"[21] e, de outro, repete que o impacto dos objetos sobre um artista como Picasso foi sobretudo psicológico. Esse impacto teria sido o efeito de "forças" contidas nesses objetos, as quais agem de maneira "subliminar" ou "inconsciente", e não por meio de um verdadeiro trabalho "intertextual"[22].

É verdade que a narrativa que o próprio Picasso faz do impacto que teve, sobre ele, sua visita ao museu do Trocadéro, em 1906, pode sugerir que se coloque sua relação com os objetos num plano estritamente *psíquico*. Eis o que ele diz, de fato, sobre o olhar que as máscaras lhe dirigiram, como um espelhamento do olhar que dirigia a elas:

> Quando fui ao Trocadéro, estava nojento. Um mercado de pulgas. O cheiro. Eu estava sozinho. Queria ir embora. Não fui. Fiquei. Fiquei. Entendi que era muito importante: estava acontecendo alguma coisa comigo, não? Aquelas máscaras não eram esculturas como as outras. De jeito nenhum. Eram coisas mágicas.[23]

O que Gikandi expõe em sua crítica dos dois pressupostos, evidentemente ligados um ao outro, tal como aparecem no artigo "Picasso", assinado por Rubin, é que o impacto psicológico não deve ocultar o trabalho de tradução.

A noção de "forças obscuras" contidas nos objetos perpetua a tese etnográfica de que eles são "fetiches", não

---

20. William Rubin (org.), *"Primitivism" in 20th Century Art: Affinity of the Tribal and the Modern*. Nova York: Museum of Modern Art, 1984.
21. S. Gikandi, art. cit., p. 458.
22. *Ibid.*, p. 469.
23. In A. Malraux, *op. cit.*, p. 18.

obras de arte, e, portanto, não poderiam "significar" por meio de suas formas visíveis fora dos contextos propriamente rituais nos quais a função cerimonial que constitui seu ser pode se mostrar. Uma vez desterritorializados, eles não "falam", mas podem se insinuar como "forças" nos inconscientes artísticos, aos quais cabe, então, dar aos objetos uma expressão verdadeira.

A dança dos mutantes

Não é que a linguagem das "forças" não possa ser empregada para falar do que presidiu à criação dos objetos. Pelo contrário. Filósofos como Léopold Sédar Senghor e o ganense William Emmanuel Abraham insistiram na ideia de que, para além das diferenças existentes entre as regiões do continente, há um denominador comum das artes africanas: sua tendência à abstração, ao desvio da simples reprodução da realidade, e sua ambição de traduzir desse modo uma outra abordagem da realidade, um conhecimento dela como um universo de forças – um elã vital, para empregar um conceito bergsoniano.

Consequentemente, a obra que o artista cria é "religiosa", porque ela faz parte de um conhecimento vital da realidade como fluxo criador. O objeto ao qual o fluxo dá origem recapitula, nele, esse mesmo fluxo. Tal objeto traduz, portanto, como *intercessor*, um movimento que levanta as forças "inferiores" – os materiais colocados em conjunto – em direção à força emergente superior de sua composição, ou àquilo que Senghor chama de "luz do espírito".

> O ritmo [é essa] força que, através dos sentidos, nos introduz na raiz do ser. Ele se exprime pelos meios mais

materiais, mais sensuais: linhas, superfícies, cores, volumes na arquitetura, na escultura e na pintura; acentos na poesia e na música; movimentos na dança. Mas, ao fazer isso, ele ordena todo esse concerto em direção à luz do *Espírito*.[24]

As formas estilizadas, geométricas, reunidas pelo escultor, convergem para manifestar a existência de uma "força ordenadora" que as mantém juntas em seu "ritmo". A criação da obra é, assim, o ato religioso de trazer à tona uma força espiritual a partir das forças materiais. Dizer insistentemente que os artefatos africanos não são "arte" porque sua razão de ser é sua função ritual equivale a ignorar que aquilo que os torna "religiosos" ou "espirituais" não é, a princípio, o papel que podem desempenhar numa cerimônia, mas a *poiesis* que lhes deu origem. E é por meio dela que eles são objetos de arte, de maneira plena e eminente.

Eis a razão pela qual eles não são mudos, mas, efetivamente, falam a linguagem de suas formas, linguagem essa que deram a traduzir às vanguardas. Os artefatos permaneceram como força de vida, ativos por conta própria na criação da modernidade artística. Chamo-os de "mutantes", lembrando que essa palavra (*mutants*) é um particípio presente que indica serem eles não o resultado de uma metamorfose cujo princípio lhes é totalmente externo, mas a metamorfose em si, sempre operando como manifestação do elã vital[25].

No que diz respeito à "minimização" do papel desses artefatos na modernidade, Gikandi tem razão em subli-

---
24. L. S. Senghor, "L'esthétique négro-africaine", in *Liberté, op. cit.*, pp. 211-2.
25. Ver S. B. Diagne, "Musée des mutants", *Esprit*, n. 406, jul.-ago. 2020, pp. 103-11.

nhar que ela expressa uma "luta por um Picasso puro, não contaminado pela África"[26]. Deve-se, por isso, imputar às vanguardas, e particularmente a Picasso, uma falta de "respeito" com relação à África? Gikandi dedica grande parte de sua análise a mostrar um Picasso que nunca teria se desvencilhado de uma maneira "andaluza" de considerar como absolutamente "outra" a África dos "mouros", relativizando assim seu engajamento pela emancipação do continente, apesar de sua relação com esses "intercessores" que são as criações da arte africana.

Levando em conta sua biografia, suas ações e suas amizades, seria possível responder que, se o andaluz não chegou a ser um Jean-Paul Sartre nem um desses franceses que auxiliaram ativamente a Frente de Libertação Nacional argelina durante a Guerra da Argélia, ele não deixou de ser um homem engajado pela libertação, tendo participado, por exemplo, das fileiras do movimento intelectual anticolonial que se criou em torno da editora Présence Africaine. Mas, no fundo, a questão é sobretudo que o respeito, devemos repetir, está no próprio trabalho de tradução, do qual ele é a condição e a força motriz.

Eis por que as vanguardas que incorporaram para si os objetos de arte africanos, manifestando desse modo as raízes que eles haviam criado em sua "terra de empréstimo", também realizaram um gesto de reciprocidade, um gesto, digamos a palavra, descolonizador. Não há ingenuidade alguma em julgá-las assim. O que há, em contrapartida, é a decisão de recusar uma leitura cínica do trabalho de tradução, cega àquilo que este é em sua essência: generosidade e hospitalidade.

Devemos dizer, então, que esses tradutores-mediadores não entenderam propriamente o sentido do que

---

26. S. Gikandi, art. cit., p. 466.

traduziram por ignorância dos territórios específicos nos quais esses objetos foram produzidos? Para Amadou-Mahtar M'Bow, se eles traíram, foi, conforme a célebre expressão italiana – *traduttore, traditore* –, por terem traduzido. Sabemos bem que, do lado da obra a ser traduzida, sempre há uma "resistência", a qual o mediador "encontra, mesmo antes de começar, sob a forma da presunção de não tradutibilidade, que o inibe antes mesmo de atacar a obra"[27]. E o trabalho de tradução, que Paul Ricœur diz ser um "drama", é também um trabalho de luto que assume a impossibilidade de "eliminar a distância entre equivalência e adequação total", ao mesmo tempo que experimenta o "prazer de receber em casa, na acolhida de sua própria morada, a palavra do estrangeiro"[28].

A interminável viagem dos intercessores

Voltando à questão da restituição, deve ficar bem claro que a linguagem dos objetos permanecerá como "palavra do estrangeiro", mesmo depois de seu retorno, para quem os acolhe em suas "terras de origem". Sempre existem, claro, objetos específicos que cumpriam funções específicas e cuja partida criou uma lacuna à espera de ser preenchida. Esses encontrarão o lugar vazio que os espera. Mas isso equivaleria a reencontrar uma significação na qual eles poderiam se reinserir, como se sua desterritorialização nunca tivesse ocorrido?

---

27. Paul Ricœur, *Sur la Traduction*. Paris: Bayard, 2004, p. 10. [Citado conforme a ed. bras.: *Sobre a tradução*. Trad. e pref. Patrícia Lavelle. Belo Horizonte: Editora UFMG, 2011, p. 22, ligeiramente modificado.]

28. *Ibid.*, p. 20 [citado conforme a ed. bras., p. 30].

Essa questão foi colocada diversas vezes, mas num sentido que poderia ser chamado de perverso, por muitos diretores de museus europeus durante a longa "luta da África por sua arte". Para eles, tratava-se de resistir a toda tentativa de restituição, afirmando que os grupos étnicos – os únicos que estariam legitimamente em condições de reclamar os objetos de arte criados por suas culturas – poderiam muito bem ter sofrido profundas mudanças e não mais reconhecer esses objetos. Se eles tivessem se tornado cristãos ou muçulmanos, por exemplo, poderiam até mesmo se opor a um "retorno" de criações nas quais não viam mais que... "fetiches".

Ao afirmar que os artefatos, conservados como objetos de arte nos museus europeus, deveriam ser restituídos, também como tais, aos Estados, e não a grupos étnicos, o relatório de Felwine Sarr e Bénédicte Savoy respondeu, de maneira muito justa, a essa questão e ao ressurgimento da linguagem da etnologia colonial. Caberia, pois, às nações africanas "ressocializar esses objetos", de acordo com a palavra dos autores, da maneira que elas julgassem melhor.

A ressocialização exigirá uma retradução.

As esculturas da arte africana clássica retornadas "às suas casas" falarão uma língua feita de hibridações múltiplas, que pedirá para ser traduzida. A translação do retorno não anula a da partida, mas se soma a ela. Como Derain visitando as galerias etnográficas do Museu Britânico, os artistas africanos que quiserem conversar com as obras de arte do passado precisarão aprender a traduzi-las, a deixar fluir, eles também, a mão e o giz, para aprender a incorporá-las, talvez, em criações novas.

Nesse sentido, o artista sul-africano Ernest Mancoba (1904-2002) se formou, nas escolas anglicanas, em escultura em madeira segundo a tradição ocidental mais clássica. Esse aprendizado pode ser visto numa das suas obras naturalistas mais famosas, *Bantu Madonna*, de 1929. Foi em 1936 que ele encontrou a "arte negra" e, como diz um artigo de jornal então dedicado a seu trabalho, "deixou de seguir os estilos europeus em escultura e em arte" para "aplicar com entusiasmo, às próprias concepções", a "'descoberta' da arte negra da África"[29]. A arte clássica da África Central também foi, para Mancoba, uma "descoberta", o encontro com uma linguagem que ele precisou aprender a traduzir[30].

A fidelidade ao patrimônio estará no movimento de traduzi-lo.

Em uma palavra, a translação *continua*. Como Ulisses de volta a Ítaca, ela não permanece no lugar; a odisseia dos objetos que se tornaram "diaspóricos"[31] nunca terá fim. De agora em diante, faz parte de sua natureza pertencer igualmente a suas diferentes "terras", sempre fazendo falta nos lugares onde não mais estão. De maneira geral, para além da arte, é importante lembrar, hoje, a lição de que o patrimônio é partilha; ele não serve mais à exaltação das identidades, mas à abertura destas para

---

29. Esse artigo é citado por J. Cohen, *The "Black Art" Renaissance*, *op. cit.*, p. 132.

30. O mesmo ocorre com os artistas contemporâneos. Embora sejam descendentes "daqueles que criaram o patrimônio", precisam efetuar o trabalho de tradução nas línguas de hoje para poder recebê-lo. O filósofo Jean-Luc Aka-Evy, falando dos artistas congoleses da atualidade, sublinha que o ofício deles não é mais aquele que produziu a arte clássica da região, explicando que esta se tornou "urbana" e "individual". Ver Jean-Luc Aka-Evy, *Créativité africaine et primitivisme occidental*. Paris: L'Harmattan, 2018, pp. 197-8.

31. Felwine Sarr e Bénédicte Savoy retomam esse termo do historiador da arte John Peffer, a propósito dos artefatos africanos subtraídos ao continente.

uma humanidade comum. Eis por que, quando estiverem legalmente repatriados, os objetos africanos restituídos deverão continuar a ir e vir – e a ser como as aves que se dividem entre a Europa e a África, passando o inverno nesta e o verão naquela: migrantes.

CAPÍTULO 4
O FILÓSOFO COMO TRADUTOR

> Uma universidade descolonizada deveria colocar as línguas africanas no centro de seu projeto de ensino e aprendizagem. Colonialismo rima com monolinguismo. A universidade africana de amanhã será multilíngue. Ela ensinará em suaíli, zulu, xossa, xona, iorubá, hauçá, lingala, quicuio, e ensinará todas as outras línguas que se tornaram africanas, o francês, o português, o árabe, havendo lugar também para o chinês, para o hindi etc.[1]
>
> Achille Mbembe

Filosofia da gramática

Em 1958, Émile Benveniste publicava, na revista *Les Études Philosophiques*, um artigo intitulado "Categorias de pensamento e categorias de língua"[2], no qual propunha dois atos filosóficos primordiais. O primeiro é o de questionar, do ponto de vista de um linguista, os fundamentos de uma história da metafísica ocidental tal como estava baseada na doutrina aristotélica das categorias. O segundo é o de comparar, isto é, o de colocar juntos, num

---

1. Achille Mbembe, "Decolonizing the University: New Directions", *Arts and Humanities in Higher Education*, vol. 15, n. 1, 2016, p. 36.
2. Émile Benveniste, "Catégories de pensée et catégories de langue", *Les Études Philosophiques*, nova série, ano 13, n. 4, out.-dez. 1958, pp. 419-29. O texto foi retomado em *Problèmes de linguistique générale*. Paris: Gallimard, 1966. [Ed. bras.: "Categorias de pensamento e categorias de língua", in *Problemas de linguística geral I*. Trad. Maria da Glória Novak e Maria Luiza Neri. Campinas: Pontes, 1991, pp. 68-80.]

mesmo plano de igualdade, o grego e o *ewe* como portadores de duas "metafísicas do ser" diferentes[3].

De acordo com a tese do artigo, quando Aristóteles enumera a lista das "categorias" universais que, segundo ele, organizam nossa experiência, ou seja, a "totalidade dos predicados que se podem afirmar do ser", ele apenas "reconhece [...] certas categorias fundamentais da língua na qual pensa"[4], o grego. Essa tese coloca em questão a universalidade das categorias do ser e do pensamento, retringindo-as à língua grega e à sua gramática própria.

Benveniste cita a passagem do tratado aristotélico das *Categorias* (cap. IV), que é "essencial", segundo o linguista, e que ele "traduz literalmente". Em seguida, deixa claro que, se "substância" é a categoria que, à questão do "quê?", dá como resposta um nome, se "quantidade" é aquela que responde à questão do "quanto?", e assim sucessivamente para a qualidade (questão do "qual?"), a relação (questão do "relativamente a quê?"), o lugar (questão do "onde?"), o tempo (questão do "quando?"), a posição (questão da "postura"), o estado (questão do "estado"), a ação (questão do "fazer") e a paixão (questão do

---

3. Benveniste diz que o *ewe* consiste numa língua "falada no Togo" (art. cit., p. 427). Na realidade, essa língua é falada tanto no sul de Gana como no Benim. Vale ressaltar que o filósofo beninense Paulin Hountondji – num importante artigo em que se dedica, com a precisão de alguém que conhece a língua, à avaliação dos exemplos de Benveniste – nota que se deveria escrever, em francês, *eve*, e não *ewe*, que é, segundo ele diz, um "germanismo herdado da época da dominação alemã no Togo, já que *w* é pronunciado como *v* em alemão". Ver Paulin Hountondji, "Langues africaines et philosophie: L'hypothèse relativiste", *Les Études Philosophiques*, n. 4, out.-dez. 1982, pp. 393-406. Feito esse esclarecimento, manteve-se aqui a grafia *ewe* por uma razão de coerência com o texto de Benveniste.

4. É. Benveniste, art. cit., pp. 421-2 [citado conforme a ed. bras., p. 71].

O FILÓSOFO COMO TRADUTOR   75

"padecer"[5]), é porque esses diferentes predicados não são "atributos descobertos nas coisas", mas correspondem a uma classificação "que emana da própria língua"[6] – língua em que encontramos classes de substantivos, adjetivos derivados de pronomes, adjetivos comparativos, advérbios de lugar e de tempo, vozes ativa e passiva...

Após essa demonstração de natureza linguística (e, portanto, relativa à língua grega) das categorias do ser, Benveniste examina "ser", ou "o ser" em si mesmo, que, segundo ele, "envolve tudo" e, "sem ser ele mesmo um predicado", é "a condição de todos os predicados"[7]. No grego, o verbo "ser" desempenha o papel de cópula quando se trata de atribuir a um sujeito S um predicado P, o que resulta numa proposição com a estrutura "S é P". Aliás, quando o verbo mantém sua forma de infinitivo, o artigo faz dele um nome (no caso do francês, por exemplo), mas, em outras "línguas de cópula", essa substantivação se efetua com o particípio presente. Temos, assim, equivalentes do *ente* em muitas das línguas indo-europeias.

Nesse sentido, Nietzsche tem razão ao escrever que

[o] curioso ar de família de todo o filosofar indiano, grego e alemão tem uma explicação simples. Onde há parentesco linguístico é inevitável que, graças à comum filosofia da gramática – quero dizer, graças ao domínio e direção inconsciente das mesmas funções gramaticais –, tudo esteja predisposto para uma evolução e uma sequência similares dos sistemas filosóficos: do mesmo modo que o

---
5. No sentido etimológico aqui retomado, "padecer" significa estritamente "sofrer uma ação". [N. do E.]
6. É. Benveniste, art. cit., p. 424 [citado conforme a ed. bras., p. 72].
7. *Ibid.*, p. 426 [citado conforme a ed. bras., p. 76].

caminho parece interditado a certas possibilidades outras de interpretação do mundo.⁸

As filosofias hindus, gregas e alemãs têm em comum o fato de serem ditas em línguas indo-europeias, e é precisamente para opor a elas "possibilidades outras de interpretação do mundo" que Benveniste coloca a questão de uma "metafísica do ser" que não repousaria na palavra "ser" e em seus usos nas "línguas de cópula".

Antes de examinar esse descentramento efetuado pelo linguista por meio do *ewe* – uma língua "de tipo totalmente diferente"⁹ –, é preciso lembrar as objeções filosóficas que foram levantadas contra o que parece ser uma redução da filosofia à língua (ainda mais do que à linguagem) e também e principalmente a resposta dada por Jacques Derrida àquilo que a seu ver seriam "aporias nas quais parecemos nos engajar quando nos dispomos a definir as restrições que limitam o discurso filosófico"¹⁰.

Derrida dá como exemplo o fato de que, quando colocamos frente a frente as *categorias linguísticas* e as *categorias de pensamento*, mesmo que reconheçamos que o pensamento não pode ser uma matéria à qual a linguagem dá forma, agimos "como se" fosse assim. Ele lembra que a questão não é nova e que "tínhamos reconhecido, de maneira precisa e muito tempo atrás, nas categorias

---

8. Friedrich Nietzsche, *Par-delà le Bien et le mal*, livro I, § 20, in *Œuvres complètes*, t. VII. Paris: Gallimard, 1967-1997, p. 35. [Citado conforme a ed. bras.: *Além do bem e do mal: Prelúdio a uma filosofia do futuro*. Trad. Paulo César de Souza. São Paulo: Companhia das Letras, 2005, pp. 24-5.]

9. É. Benveniste, art. cit., p. 427 [citado conforme a ed. bras., p. 77].

10. Jacques Derrida, "Le supplément de copule: La philosophie devant la linguistique", *Langages*, n. 24, dez. 1971, p. 17. [Ed. bras.: "O suplemento de cópula", in *Margens da filosofia*. Trad. Joaquim Torres Costa e António M. Magalhães. Campinas: Papirus, 1991.]

[de Aristóteles] as produções da língua"[11], citando, entre os trabalhos que precederam o artigo de Benveniste, a análise de Trendelenburg em 1846 e, mais recentemente, a de Brunschvicg em *Les Âges de l'intelligence* [A era da inteligência, 1934]. Sobre esses trabalhos, Derrida diz que poderiam mesmo ter sido parafraseados em "Categorias de pensamento e categorias de língua".

Translatio studii

Mensurar o que as categorias de pensamento devem a uma "filosofia da gramática" inerente à língua é submeter esta à "prova do estrangeiro" ou, dito de outra maneira, à tradução. Poderíamos acrescentar que essa prova será tanto mais instrutiva quanto mais distantes forem as línguas, aquela que é traduzida e aquela que a acolhe. É verdade que Cícero se viu intimidado pela tarefa de traduzir, para sua língua romana, os conceitos que tinha aprendido a pensar em grego, depois de ter negado as objeções, ao mesmo tempo, daqueles que condenavam o próprio estudo da filosofia e daqueles que pensavam que uma tal busca só poderia se realizar no idioma originário de Platão e Aristóteles. Contra o segundo grupo, principalmente, Cícero afirmou que acolher em língua latina "os gênios divinos" (*divina illa ingenia*) que foram os pensadores gregos, para torná-los familiares, era antes de mais nada um serviço a ser prestado aos seus concidadãos[12].

---

11. *Ibid.*, p. 23.
12. Cícero, *Des Termes extrêmes des biens et des maux*. Est. do texto e trad. Jules Martha. Paris: Les Belles Lettres, 1928, livro I, III, 7. [Ed. bras.: *Do sumo bem e do sumo mal*. Trad. Carlos Ancêde Nougué. São Paulo: WMF Martins Fontes, 2020.]

Quando relemos as reflexões de Cícero sobre a empreitada de traduzir a filosofia grega ao latim, temos dificuldade de imaginar que as escolhas propostas por ele de palavras novas (por exemplo, da palavra *qualitas* como equivalente do grego *poiótēs* para traduzir a categoria de "qualidade") possam ter sido consideradas, aos olhos de seus contemporâneos, tão incongruentes, pois sabemos que essas palavras se tornaram, em seguida, conceitos correntes e que, de maneira geral, a *translatio studii* ou, dito de outro modo, a transferência – de uma cultura a outra, de uma língua a outra – do pensamento grego fez do latim, na Europa, durante séculos, o idioma da filosofia por excelência.

No fundo, a preocupação de Cícero diante da tarefa de traduzir quase não tinha razão de ser. Receptor da filosofia grega, o latim compartilha com o grego uma "comum filosofia da gramática", para retomar a afirmação de Nietzsche. Modelar *qualitas*, a "qual-idade" de uma coisa, a partir de *poiótēs* é efetuar, de uma língua a outra, uma operação análoga àquela que permite passar da palavra interrogativa "qual?" ao termo abstrato que fala da *qualidade* da coisa em questão. E existem, claro, as "possibilidades" análogas abertas por usos similares do verbo "ser". A tradução da metafísica aristotélica do ser, do grego à língua de Roma, foi, sob muitos aspectos, mais a experiência de uma "comum filosofia da gramática" do que uma prova do estrangeiro.

O que Benveniste buscava realizar, em seu artigo de 1958, era um verdadeiro descentramento, a partir, segundo ele, de uma "confrontação" com uma língua "de tipo totalmente diferente" como o *ewe*, na qual "a noção de 'ser' ou o que assim denominaríamos se reparte entre muitos verbos"[13]. Ele possivelmente ignorava que, já no século X, as traduções da filosofia grega em árabe tinham levantado essa mesma questão sobre a relação das categorias lógicas de Aristóteles com as categorias de sua língua.

A *translatio studii* não é, de fato, apenas o trajeto que leva do grego ao latim e, depois, a seus devires europeus, embora se tenha feito essa redução muito frequentemente. Ela também é a tradução da filosofia grega em siríaco e em árabe. Aliás, a esse respeito, vale lembrar a descrição que Roger Bacon faz da *translatio studii*:

> Antes de mais nada, Deus revelou a filosofia a seus santos, a quem deu a lei [...]. Ela foi, portanto, dada de maneira principal e completa em língua hebraica. Foi, em seguida, renovada principalmente por Aristóteles na língua grega; depois, principalmente por Avicena na língua árabe; mas nunca foi composta em latim e foi apenas traduzida/transferida (*translata*) a partir das línguas estrangeiras, e os melhores [textos] não estão traduzidos.[14]

É importante insistir nessa observação – que mostra o peso que um autor do século XIII, como Roger Bacon, podia dar à tradução/transferência do pensamento grego em árabe (mais do que em latim, como se pode constatar) – a fim de desconstruir a fabricação da história da filosofia como uma aventura pura e exclusivamente europeia, que teria começado como um "milagre grego". Com efeito, é preciso saber que foi apenas "de maneira

---

13. É. Benveniste, art. cit., p. 427 [citado conforme a ed. bras., p. 77].
14. Citado no verbete "Traduire" in Barbara Cassin (org.), *Vocabulaire européen des philosophies. Dictionnaire des intraduisibles*. Paris: Seuil/Le Robert, 2004, p. 1315. [Ed. bras.: *Dicionário dos intraduzíveis*, vol. 1: *Línguas*. Belo Horizonte: Autêntica, 2018.]

recente, quase repentina", que a filosofia "[...] considerou a possibilidade de ser mais do que somente grega"[15]. Foi no século XIX e sobretudo no século XX, conforme aponta Roger-Pol Droit, que se constituiu "esse mito moderno da filosofia-puramente-grega"[16], o qual foi em seguida ensinado pelos manuais, que fizeram do *logos* aquilo que é próprio do "Ocidente". Esse mito é filho do colonialismo[17].

Sobre a relação entre colonialismo e prestígio da filosofia, é necessário lembrar que as traduções dos pensadores gregos em latim, de um lado, e em árabe, de outro, têm um ponto comum: terem sido efetuadas em línguas que não estavam em situação de se julgar periféricas com relação a um "hipercentro". O latim era a língua do Império Romano. O árabe não era apenas a língua do Império Islâmico, mas também e sobretudo aquela da Revelação. E foi a partir dessa "hipercentralidade" que os gramáticos dessa língua criticaram, nos filósofos tradutores de Aristóteles, o propósito de fazer passar por categorias do pensamento em geral aquilo que eram apenas as categorias inerentes à língua falada pelo Estagirita.

Essa querela sobre as línguas e sua tradução no mundo islâmico foi representada – ou, deveríamos dizer, dramatizada – sob a forma de uma disputa pública que

---

15. Roger-Pol Droit, *Un Voyage dans les philosophies du monde*. Paris: Albin Michel, 2021, p. 16.

16. *Ibid*. Droit aponta como os principais autores responsáveis por construir cercas em torno da "filosofia", considerada então um bem próprio do Ocidente, os "três filósofos alemães que vão exercer uma influência considerável, Hegel, Husserl e Heidegger, os quais adotam a mesma expressão: 'apenas nos gregos'" (p. 17).

17. Foi assim que Husserl, em sua famosa palestra em Viena, em 1935, declarou que a essência filosófica da Europa impõe que a Índia busque, tanto quanto possível, europeizar-se, ao passo que a plena compreensão de si impede que a Europa se indianize de alguma maneira. Ver S. B. Diagne, "Décoloniser l'histoire de la philosophie", *Cités*, n. 72, 2017.

ocorreu em Bagdá, na corte do vizir, no ano de 932, opondo o filósofo lógico Abu Bishr Matta ibn Yunus ao gramático Abu Said al-Sirafi, a respeito do tema da universalidade das categorias e da lógica aristotélicas. Esse duelo, citado frequentemente pelos historiadores da filosofia islâmica, mereceria figurar entre os textos clássicos da filosofia da tradução[18].

A cena é essencialmente consagrada à expressão da cólera do gramático diante daquilo que ocorre com a língua da Revelação quando os filósofos árabes decidem oferecer hospitalidade em seu idioma àquilo que os gregos chamaram de "amor pela sabedoria", embora ignorando o Deus único. Aliás, para os guardiões da língua, nada manifesta melhor a impostura do que o próprio nome desses filósofos, esses *falāsifa* (sing. *faylasūf*), uma arabização do grego *philosophia* que deixa claro o fato de que sua sabedoria é estrangeira ao árabe e ao islã.

A cólera de al-Sirafi se dirige às inevitáveis hibridações que a tradução impõe à língua. De fato, podemos imaginar que, do mesmo modo que o latim *quid-ditas* pareceu a princípio um neologismo incongruente para traduzir a essência, que em grego se diz *ousia*, um neologismo estruturalmente equivalente em árabe como *māhiyah* irritou os gramáticos puristas. Pois essa é uma palavra, em seguida tornada conceito filosófico, que foi construída, no trabalho de tradução, justamente sobre o modelo de *qualitas* ou de *quidditas*. Com efeito, assim como, a partir

---

18. O texto da confrontação está reproduzido e analisado em Abdelali Elamrani-Jamal, *Logique aristotélicienne et grammaire arabe*. Paris: Vrin, 1983. Proponho uma análise desse texto em S. B. Diagne, *Comment philosopher en islam?*. Paris: Philippe Rey/Jimsaan, 2013, cap. 2: "Comment une langue devient philosophique". Também o evoco em minha contribuição intitulada "La sagesse de traduire" ao livro de B. Cassin e D. Wozny *Les Maisons de la sagesse-Traduire* (*op. cit.*, pp. 30-44).

da palavra *quid* (que põe a questão "o que é...?"), cria-se em latim o abstrato *quidditas*, que se torna *quiddité* em francês e *quididade* em português, a palavra *mā*, empregada para interrogar a natureza de uma coisa, dá, pela adjunção do sufixo *-iyah*, que funciona aqui como *-itas* ou *-idade*, o conceito *māhiyah*, que quer dizer "a essência" de uma coisa, ou, de outra forma, sua "o-quê-idade".

Em sua confrontação com o filósofo Matta, o alvo do gramático al-Sirafi é sobretudo a lógica de Aristóteles traduzida em árabe. Ele denuncia, com grande veemência, o fato de os *falāsifa* aceitarem a ideia de que o *Organon* ensina uma lógica universal, ignorando assim a lógica própria de sua língua árabe, inerente à gramática desta. Al-Sirafi os considera, ao mesmo tempo, ignorantes da língua (para ressaltar as lacunas linguísticas do seu interlocutor filósofo, ele lhe direciona, com prazer, uma série de perguntas provocativas) e traidores dela.

A oposição se dá entre a ideia de que há uma lógica própria a cada língua e a de que há uma lógica que é instrumento do raciocínio em geral, para a qual as categorias de pensamento não devem nada à língua em que se dão a compreender. Al-Sirafi condena, nos filósofos helenizantes, o fato de ignorarem que a tradução é perda, que uma primeira transferência da lógica de Aristóteles em língua siríaca, seguida de outra em língua árabe (pois as primeiras traduções da filosofia grega foram feitas da língua siríaca), significava um duplo distanciamento da verdade do original. A isso, Matta responderá que o trabalho de tradução conserva o universal, ou melhor: que o universal é precisamente aquilo que se conserva na tradução. Assim, mesmo que a gramática universal do raciocínio nos tenha sido transmitida em grego, e depois em siríaco, ela não deixa de transcender essas línguas.

O FILÓSOFO COMO TRADUTOR

Se a cólera que o arrogante gramático manifesta continuamente no debate não o torna muito simpático, ela tampouco o cega a respeito da verdade da posição que defende, a de que o universal deve se basear na pluralidade das línguas, de que nenhuma delas é o *logos* encarnado ao qual todas devem se adaptar. Houve Babel e, portanto, a partir desse momento, o universal deverá ser forjado e experimentado nas línguas humanas, todas "imperfeitas nisto que várias" (*"imparfaites en ceci que plusieurs"*), segundo a expressão de Mallarmé, e no seu encontro constituído pela tradução.

Não é insignificante o fato de o árabe não ser, diferentemente do grego, uma "língua de cópula", haja vista a importância da forma canônica "S é P" do enunciado que, em Aristóteles, atribui um predicado a um sujeito. Assim, quando filósofos como Matta propõem adotar em árabe uma forma mais corrente nessa língua, como "Sócrates, ele, filósofo", conferindo assim ao pronome pessoal "ele" o papel preenchido pela cópula "é" em grego, é todo o caráter "ontológico" da *inerência* de um predicado a um sujeito que se transforma na *relação* lógica entre dois termos.

Assim, em vez de exprimir que a qualidade de filósofo está inscrita, como atributo, na própria essência de Sócrates, a relação estabelecida pelo pronome pessoal "ele" assinala que o indivíduo "Sócrates" pertence à classe daqueles que possuem a propriedade "filósofos".

Voltando à demonstração de Benveniste, era normal, portanto, que ela girasse em torno da tradução do verbo "ser" em *ewe*. "Jogar" essa língua contra o grego era significativo em mais de um sentido.

Já de início, colocar, mesmo que de maneira retórica, a questão de uma metafísica do ser nessa língua tinha inegavelmente um alcance político, mas também filosófico.

Semelhante afirmação da *comparabilidade* entre o grego e o *ewe*, isto é, a possibilidade de, num mesmo plano, reuni-las como iguais, inscrevia-se na atmosfera de descolonização do período.

Trata-se de um período que viu, de fato, a Conferência de Bandung, em 1955, condenar o próprio princípio de toda e qualquer colonização e afirmar, assim, a existência de um mundo plural em suas culturas, em suas línguas, todas igualmente dignas para dar diferentes rostos à aventura humana. A seu modo, Bandung repetia a história do mito de Babel. Expressar as categorias do grego por meio daquelas do *ewe*, efetuar semelhante descentramento do *logos*-ancestral prestigioso, equivalia a tirar do pedestal a herança da língua da colonização, para a qual um vernáculo como o *ewe* só poderia ser incompletude e falta: como todos os vernáculos não (indo-)europeus, ele não tinha termos abstratos, não tinha tempos verbais no futuro e sobretudo não tinha o verbo "ser".

Jean-Pierre Lefebvre chamou de "nacionalismo ontológico" esse preconceito de que a filosofia é monolíngue: ontem ela falava grego e hoje só fala alemão – ou talvez também, a rigor, os primos (indo-)europeus das línguas que compartilham usos semelhantes das palavras "ser", "ente" etc.[19].

É contra o preconceito dos vernáculos "nativos", caracterizados pela falta, que Benveniste subentende em seu artigo que nenhuma língua é "incompleta", sob qualquer aspecto que se considere[20]. É nesse mesmo sentido

---

19. Jean-Pierre Lefebvre, "Philosophie et philologie: Les traductions des philosophes allemands", in *Encyclopædia universalis*, Symposium, vol. I: *Les Enjeux*. Paris, 1990, p. 170.

20. O antropólogo e linguista americano Edward Sapir (1884-1939), especialista nas línguas dos indígenas da América, é quem mais firmemente sustentou o axioma de que nenhuma língua "carecia" de nada e que essa ideia era em si mesma contraditória.

que ele afirma, explicitamente, que, tratando-se em particular da palavra sobre a qual se edificou a tradição ontológica em línguas (indo-europeias), o *ewe*, muito longe de carecer do verbo "ser", na realidade... o teria em excesso – como, à sua maneira, o português.

Ao comentar o trabalho de Diedrich Westermann[21] sobre essa língua, Benveniste nota assim que o francês *être* [ser/estar], por exemplo, "reparte-se entre vários verbos":

– Um verbo *nyé*, sobre o qual ele diz que "enuncia 'ser quem, ser o quê'" e, portanto, "marca a identidade do sujeito e do predicado".

– Um verbo *le*, que se refere à existência e, portanto, será empregado para afirmar que "Deus existe" (*Mawu le*). Além desse emprego absoluto, intransitivo, tal verbo exige predicados que se refiram à localização, à situação, ao estado... Nesse caso, *le* está no aoristo.

– Um verbo *no*, transitivo, significando "permanecer", "ficar", que será empregado se o enunciado pede outro tempo.

– Um verbo *wo* – "fazer", "concluir", "produzir um efeito" –, que "se comporta como *être* seguido de um adjetivo de matéria": assim, *wo* seguido da palavra que significa "areia" vai exprimir "ser/estar arenoso"; seguido da palavra referente a "água" vai exprimir "ser/estar úmido" etc.

– Um verbo *du*, finalmente, empregado quando o predicado "é um termo de função ou de dignidade, como em 'ser rei'"[22].

---

21. Diedrich Hermann Westermann (1875-1956), um pioneiro dos estudos linguísticos africanos, escreveu, entre outras obras, uma gramática do *ewe* em 1907.

22. É. Benveniste, art. cit., pp. 427-8. Em seu texto "Langues africaines et philosophie" (art. cit., pp. 397-8), P. Hountondji mostra "o caráter ilusório de certas traduções propostas" no artigo de Benveniste e

Em seguida, Benveniste faz a importante observação de que é apenas numa "comparação egocêntrica"[23] que esses cinco verbos serão considerados diferentes possibilidades de tradução da palavra francesa *être*. Do ponto de vista da língua *ewe* em si, nada os reúne em um tal feixe: são simplesmente diferentes.

Assim, ele demonstra que, no que seria uma "metafísica" *ewe*, a noção de *ser* seria totalmente outra.

Descolonizar, traduzir

O que o linguista francês evoca, assim, a título de hipótese, como uma experiência de pensamento, tomou corpo na obra do filósofo ruandense Alexis Kagame (1912-1981). Numa tese sobre a filosofia bantu-ruandense do ser apresentada em 1955 – três anos, portanto, antes da publicação do artigo de Benveniste –, o abade Kagame enunciou a mesma premissa que o linguista sobre a dependência das categorias de pensamento com relação àquelas da linguagem, chegando às mesmas conclusões que ele. Com base nelas, Kagame estudou, então, a "filosofia da gramática" da língua quiniaruanda, a fim de organizar suas categorias linguísticas e filosóficas numa tabela, de maneira análoga àquela estabelecida por Aristóteles[24].

---

conclui que a "armadilha das comparações desse tipo [aquela estabelecida por Benveniste entre o francês e o *ewe*] não está nessa violência mínima constitutiva de toda tradução, mas reside antes de mais nada na tentação de acentuar, de aumentar artificialmente as diferenças". A demonstração de Hountondji é de fato luminosa. Dito isso, ele admite que, apesar de tudo, "a tese central" do artigo do linguista não foi afetada. Acompanho aqui essa conclusão.

23. *Ibid.*, p. 428.

24. Alexis Kagame, *La Philosophie bantu-rwandaise de l'Être*. Bruxelas: Académie Royale des Sciences Coloniales, 1956. Ainda que a tese de

O FILÓSOFO COMO TRADUTOR

No quinto capítulo de uma segunda obra, *La Philosophie bantu comparée* [A filosofia bantu comparada], dedicada a mostrar a "diferença entre a Ontologia bantu e aquela que havíamos assimilado à Escola dos Europeus"[25], Kagame declara que, para os bantus, "o gênero único" é "o ser-*ntu*". *Ntu*, escreve ele, "= ser, ou algo", estabelecendo que corresponde, assim, ao "*ser* da filosofia euro-americana"[26]. Consequentemente, a questão "o que é...?" encontra suas respostas segundo as categorias da língua que determinam *ntu*. Essas determinações são as seguintes:

a) O afixo *mu* aposto a *ntu* dá *muntu*, que significa "homem". O plural da palavra é *bantu*. A determinação por *mu* produziu, portanto, a categoria dos existentes dotados de inteligência.

b) Quando o afixo é *ki*, sua aposição a *ntu* dá *kintu*, cujo sentido é "a coisa". *Bintu*, o plural de *kintu*, exprime, portanto, "as coisas", os existentes sem inteligência.

c) Um terceiro afixo, *ha*, produz a categoria *hantu*, que determina a localização do existente no espaço e no tempo.

d) Finalmente, um quarto afixo, *ku*, vai dar *kuntu* (uma forma, salienta Kagame, que "só é utilizada na África interlacustre"; as demais zonas linguísticas bantus utilizam outros recursos da língua), a qual determina o modo de ser do existente.

Kagame tenha sido publicada antes do artigo de Benveniste, Hountondji escreve que o linguista acaba trazendo "involuntariamente" às teses do abade uma "garantia teórica".

25. *Id., La Philosophie bantu comparée*. Paris: Présence Africaine, 1976, pp. 117-8.

26. *Ibid.*, p. 121.

A tabela das categorias da ontologia bantu se apresenta, portanto, deste modo:

MUntu = o existente com inteligência (*homem*)
KIntu = o existente sem inteligência (*coisa*)
HAntu = o existente localizador (*lugar-tempo*)
KUntu = o existente modal (*modo de ser do existente*)[27]

Em 1982, Paulin Hountondji criticou a obra de Alexis Kagame, vendo nela a ilustração "de um caminho teórico cheio de armadilhas que historicamente foi e continua sendo, para muitos africanos, uma enorme tentação"[28]. De minha parte, diria que essa tentação é a do encerramento em um *nacionalismo ntulógico*. O que ganhamos de fato com a vontade de ser diferente, a todo custo, daquilo que "havíamos assimilado à Escola dos Europeus" se fazemos com o bantu *ntu* um decalque do que foi feito com o grego *on*?

Hoje em dia, fala-se muito sobre a questão de "descolonizar", em especial "a mente"[29], em muitas disciplinas e domínios acadêmicos e culturais. Sem dúvida é necessário, mas o que isso quer dizer?

Valendo-se do que chamei de etnologia da diferença, a abordagem de Kagame dá uma significação relativista e separatista a "descolonizar": as filosofias são, para ele, sistemas de pensamento separados, constituídos por línguas e filosofias gramaticais radicalmente diferentes. Contra a própria ideia de tradução, ele escreve que

---

27. *Ibid.*, pp. 121-2.
28. P. Hountondji, art. cit., p. 404.
29. *Décoloniser l'Esprit* (Paris: La Fabrique Éditions, 2011) é o título sob o qual foi traduzido em francês esse importante clássico da literatura decolonial de Ngũgĩ Wa Thiong'o (*Decolonising the Mind: The Politics of Language in African Literature*), um livro que ele apresenta como seu "adeus ao inglês".

[n]a filosofia euro-americana [...], *ser* é sinônimo de *existir*, e *ente*, de *existente*. Ora, não acontece o mesmo na Filosofia Bantu. Aqui, o verbo *ser* desempenha apenas o papel de cópula e precisa, por consequência, ser acompanhado de um atributo ou de um complemento circunstancial de lugar. A famosa fórmula *penso, logo existo*[30] não tem sentido algum em língua bantu. Os ouvintes perguntariam: *você é... o quê?* – ou *você está... onde?*[31]

É preciso compreender que, quando Kagame é tão categórico a respeito do *cogito* cartesiano em língua bantu, ele tem em mente uma palavra em quiniaruanda que poderia traduzir *ser*, mas não de modo que esse verbo seja empregado de maneira absoluta, intransitiva. No entanto, é a própria afirmação de que "penso, logo existo" não tem sentido numa língua bantu que não tem sentido. Ou melhor, que é um contrassenso com relação à ideia de tradução.

O filósofo ruandense quer dizer que se pode *compreender* perfeitamente o enunciado em latim, lendo as *Meditationes*, ou em francês, lendo *Le Discours de la méthode*, mas que é impossível traduzi-lo numa língua bantu ou em qualquer outra de origem africana, em que o verbo "ser" "desempenha apenas o papel de cópula"? Ou quer dizer que se pode encontrar um meio de traduzi-lo, mas que essa tradução não faria sentido? Refletindo-se sobre essas duas possibilidades, chega-se à conclusão de que ambas acabam se reduzindo a apenas uma.

---

30. Literalmente, "penso, logo sou" (*je pense donc je suis*). [N. do E.]

31. A. Kagame, *La Philosophie bantu comparée, op. cit.*, p. 126. É o autor quem usa maiúsculas em "Filosofia" e "Bantu" no texto – uma manifestação de sua visão essencialista.

George Steiner abre sua obra *Depois de Babel* com um capítulo que declara: "Compreender é traduzir"[32]. O que faz com que sempre encontremos uma maneira de restituir um enunciado (o qual talvez deva ser melhorado mais tarde, numa outra tradução) é o fato de que essa transferência a outra língua simplesmente dá continuidade ao *movimento* de tradução que é minha compreensão desse enunciado. Kagame acredita que o enunciado "penso, logo existo", estático e tomado isoladamente, tinha, como tal, mais sentido em francês, língua em que foi escrito pela primeira vez, do que em bantu? Seu sentido não lhe vinha da maneira de falar em francês, mas do fato de que era a conclusão de um movimento de demonstração que fazia dele, realmente e em si mesmo, uma exceção à hipótese do gênio maligno. É tudo aquilo que precede o momento em que digo, sobre o gênio maligno, que, "embora possa me enganar o quanto queira, ele não saberia fazer com que eu não seja, uma vez que penso" o que dá o sentido de "penso, logo existo", independentemente de o argumento ser enunciado em francês, em latim ou numa língua bantu.

O que faz do *cogito* um conceito filosófico é ser a conclusão de uma demonstração. Essa é a razão pela qual ele é sempre traduzível e faz sentido *como tal*, mesmo que, com efeito, possamos dizer que é um "intraduzível", no significado que Barbara Cassin dá a essa palavra em diversos momentos de sua obra: "Aquilo que não cessamos de (não) traduzir."[33]

---

32. G. Steiner, *op. cit.*, p. 29.

33. Ela escreve, por exemplo: "Um 'intraduzível' é um sintoma da diferença entre as línguas. Não o que não traduzimos, mas aquilo que não cessamos de traduzir ou, mais exatamente, de (não) traduzir. Ele suscita um trabalho antes que possamos encontrar um 'quase' análogo, uma correspondência numa outra língua. Esses sintomas, não exaustivos por de-

Ao modelo relativista e separatista de uma descolonização do pensamento, oponho um modelo tradutório. Uma vez que as línguas não nos confinam em filosofias gramaticais incomensuráveis, o filósofo em geral – e o filósofo africano em particular – pensará como tradutor, de língua a língua. É a prática, por exemplo, do pensador ganense Kwasi Wiredu (1931-2022): ao mesmo tempo que mobiliza as filosofias africanas para trabalhar nas línguas da África, ele mostra todo o interesse que existe em ir e vir da língua inglesa à língua akan, para, dessa forma, pôr à prova do estrangeiro conceitos e argumentos filosóficos[34].

Assim, na reflexão que propôs sobre "o conceito de verdade na língua akan"[35], Wiredu explica que, se tomamos a palavra "verdade" num sentido cognitivo que exclui o sentido (moral) de veracidade, trata-se, na perspectiva desse idioma da África Ocidental, de um *intraduzível*. Essa constatação é aparentemente análoga àquela feita por Kagame sobre o *cogito* e a língua bantu. Mas o propósito de Wiredu é o de testar, pela tradução, questões filosóficas tais como a da teoria da verdade enquanto correspondência entre uma proposição e um estado de coisas. Ele escreve:

---

finição, nos permitem tomar a medida das diferenças entre os textos e, portanto, entre as línguas, as culturas, as visões de mundo, as religiões daí desencadeadas" (*Les Maisons de la sagesse-Traduire, op. cit.*, p. 173).

34. Sobre essa prática filosófica de Kwasi Wiredu, que a autora chama de descolonização-desconstrução, ver Séverine Kodjo-Grandvaux, *Philosophies africaines*. Paris: Présence Africaine, 2013, pp. 113-34. [Ed. bras.: *Filosofias africanas*. Trad. Bernardo Tavares dos Santos *et al.* Florianópolis: Cultura e Barbárie, 2021.]

35. Kwasi Wiredu, "The Concept of Truth in the Akan Language", in *Cultural Universals and Particulars: An African Perspective*. Bloomington/Indianápolis: Indiana University Press, 1996.

Os conceitos de verdade e de fato estão entre os mais essenciais do pensamento humano. Sem a noção de que algo é um fato ou de que uma proposição é verdadeira, pensar é inconcebível, a menos que seja uma pura sucessão de ideias, e mesmo disso é possível duvidar. Parece evidente, então, que a relação entre os termos "verdade" e "fato" é um problema filosófico: afinal, não se pode dar uma classificação real de nenhum desses dois conceitos fundamentais em inglês sem que remetam um ao outro. E, no entanto, uma vez que esses termos podem não estar, ambos, presentes em todas as línguas naturais, como mostra o caso do akan, não se trata de uma tarefa inevitável para o espírito humano. Disso decorre que certos problemas filosóficos não são universais.[36]

De modo geral, o intervalo entre línguas permite sair do confinamento em uma delas, e este é o ensinamento final da reflexão sobre "Categorias de pensamento e categorias de língua":

Nenhum tipo de língua pode por si mesmo e por si só favorecer ou impedir a atividade do espírito. O voo do pensamento liga-se muito mais estreitamente às capacidades dos homens, às condições gerais da cultura, à organização da sociedade que à natureza particular da língua.[37]

---

36. *Ibid.*, p. 109.
37. É. Benveniste, art. cit., p. 429 [citado conforme a ed. bras., p. 80].

CAPÍTULO 5
TRADUZIR A PALAVRA DE DEUS

> A tradução é "impossível", admite Ortega y Gasset em seu texto "Miseria y esplendor de la traducción". Mas também o é toda a concordância absoluta entre pensamento e fala. De algum modo, o "impossível" é superado a cada momento nos assuntos humanos.[1]
>
> GEORGE STEINER

Comecemos, aqui, com uma leitura das primeiras páginas de *Aventura ambígua*, romance de Cheikh Hamidou Kane que se tornou, desde sua publicação, em 1961, um dos grandes clássicos da literatura mundial[2]. A cena de abertura do livro, na qual vemos os alunos da escola corânica aprendendo a recitar a "palavra de Deus" sob a palmatória de Thierno, seu mestre, é célebre:

> Naquele dia, Thierno mais uma vez o espancou, mas Samba Diallo sabia o versículo. Simplesmente a língua o traíra. Thierno estremecera como se caminhasse sobre uma das lajes incandescentes da tortura prometida aos descrentes. Agarrara Samba Diallo na coxa e o beliscara com o polegar e o indicador demoradamente. O menino arquejava de dor e todo o seu corpo tremia. Em meio aos soluços que lhe tomavam o peito e a garganta, tivera força bastante para sufocar a dor; repetiu com uma voz trêmula

---

1. G. Steiner, *op. cit.*, p. 346 [citado conforme a ed. bras., p. 273].
2. Cheikh Hamidou Kane, *L'Aventure ambiguë*. Paris: 10/18, 2011 [1961]. [Ed. bras.: *Aventura ambígua*. Trad. Wamberto Hudson Ferreira. São Paulo: Ática, 1984.]

e sussurrante, porém corretamente, o santo versículo que havia recitado de maneira errada.[3]

Em seguida, ficamos sabendo que o mestre chega ao ponto de puxar a orelha do aluno até tirar sangue ou de queimá-lo com um pedaço de madeira em chamas! O espanto diante dessa violência é total quando o narrador nos faz entrar nos pensamentos de Thierno; descobrimos, então, que o tratamento dado a Samba Diallo não é crueldade de sua parte, mas fruto direto do amor tirânico que o mestre tem por ele. São profundos seu apego e sua admiração pelo menino, em quem ele vê "uma dádiva de Deus" destinada a contribuir para "a grandeza humana".

Justamente por essa razão, Thierno não admite que a criança cometa erros: "Repete exatamente a Palavra de teu Senhor... Ele concedeu a graça de descer seu Verbo à tua pessoa. Essas Palavras foram realmente pronunciadas pelo Mestre do Mundo. E tu, miserável mofo da terra, quando tens a honra de repeti-las, negligencias, a ponto de profaná-las."[4]

E o menino, diz-nos o texto, concorda fervorosamente com isso: "Era uma palavra vinda de Deus, era um milagre." E: "Aquela frase, que não chegava a compreender e pela qual era tão martirizado, ele a amava por seu mistério e sua sombria beleza."[5]

Essa cena das primeiras páginas de *Aventura ambígua* levanta a questão teológica e filosófica do que significa ser o "milagre" de uma palavra "vinda de Deus" e "real-

---

3. *Ibid.*, p. 15 [citado conforme a ed. bras., p. 12].
4. *Ibid.*, p. 16 [citado conforme a ed. bras., p. 12, ligeiramente modificado].
5. *Ibid.* [citado conforme a ed. bras., pp. 12-3, ligeiramente modificado].

mente pronunciada" por Ele. E também a do sentido que existe em recitar o "Verbo" sem compreendê-lo, uma vez que sua língua é estrangeira – ou ainda, se prestarmos atenção na atitude da criança, de compreendê-lo *amorosamente*, em seu mistério. As questões colocadas se vinculam àquilo que chamo, de um lado, de *tradução vertical* da palavra de Deus, que é "descida" do infinito e do eterno à finitude e à temporalidade de uma língua humana, e, de outro, de *traduções horizontais* dessa palavra, quando é vertida em outras línguas humanas, a exemplo da língua fula, falada por Samba Diallo e Thierno[6].

Nesse caso, uma tradução horizontal significaria uma perda de ser no movimento de transferência do sentido da palavra divina da língua sagrada (a hipercentralidade sendo, aqui, a sacralidade) para a periférica ou profana? Levando adiante essa questão, também podemos perguntar se a sacralidade da língua é um atributo essencial que lhe pertence por toda a eternidade, predispondo-a a acolher o Verbo divino, ou se, ao contrário, é essa eleição que lhe confere tal novo status, fora do qual ela é uma simples língua humana entre outras, todas "imperfeitas nisto que várias". Talvez, então, a tradução horizontal transfira à língua de acolhimento algo da sacralidade daquela que primeiro recebeu a Revelação?

---

6. Examino o que chamo de tradução vertical e tradução horizontal numa contribuição, intitulada "Traduire la parole de Dieu", ao catálogo da exposição *Après Babel, traduire*, organizado por Barbara Cassin (Arles: Actes Sud/Mucem, 2016, pp. 177-85). Retomo aqui alguns elementos dessa reflexão.

Teologia da tradução vertical

Em que sentido o texto sagrado é a palavra de Deus? Eis uma questão que se coloca nas três "religiões do Livro", para retomar a expressão que, no islã, designa o judaísmo, o cristianismo e, talvez eminentemente, a religião muçulmana. Essa questão teológica e filosófica dá título ao capítulo 12 do *Tratado teológico-político*, de Espinosa: "Do verdadeiro texto da lei divina e por que razão a Escritura se designa por sagrada e se considera a palavra de Deus. Onde se demonstra, em suma, que a mesma Escritura, enquanto portadora da palavra de Deus, chegou até nós intacta."[7]

No começo desse capítulo, Espinosa se dirige àqueles "que consideram os livros da Bíblia [...] uma espécie de carta que Deus mandou lá do céu aos homens" para lhes dizer que "o documento do pacto firmado por Deus com os judeus se perdeu". E acrescenta: "Com efeito, tanto a razão como as declarações dos profetas e dos apóstolos proclamam abertamente que o verbo eterno de Deus, o seu pacto e a verdadeira religião estão inscritos pela mão divina no coração dos homens, isto é, na mente do homem: é esse o verdadeiro documento de Deus [...]."[8]

Uma consequência essencial dessa tese é que a Escritura é sagrada e seus ensinamentos são divinos, contanto que esteja viva "no coração dos homens". O fato de ela ser negligenciada, de se tornar letra morta e de ser corrompida não permite mais que se fale nesses termos, mas, somente, que sejam idolatrados o papel e a tinta.

---

7. In Baruch de Espinosa, *Œuvres*, t. II. Trad. Charles Appuhn. Paris: Robert Laffont, 2019. [Ed. bras.: *Tratado teológico-político*. Trad., introd. e notas Diogo Pires Aurélio. São Paulo: Martins Fontes, 2003.]

8. *Ibid.* [citado conforme a ed. bras., p. 196].

A tradução vertical da palavra de Deus só pode ser efetuada, assim diz Espinosa, se isso significar uma incorporação no humano. Dessa maneira, ela se faz palavra viva e vivida, viva porque vivida. É quando se manifesta como piedade que ela se torna, verdadeiramente, "escrita com a própria mão de Deus". Do contrário, como tudo aquilo que entra no mundo sensível, está submetida à corrupção. Espinosa explica que, no tempo de Jeremias, era falso dizer que o edifício que foi consumido pelas chamas era o templo de Deus, pois ele já havia sido abandonado pelos crentes. Do mesmo modo, as tábuas de uma lei que não é respeitada são apenas blocos de pedra. Senão, como pensar que Moisés, mesmo no auge de sua fúria diante do espetáculo da iniquidade, tenha podido jogar e quebrar essas tábuas, se elas carregavam as palavras que o próprio Deus havia escrito? A essa importante questão teológica, Espinosa responde: porque não se tratava mais da palavra de Deus, mas de inscrições perecíveis em tábuas de pedra que podem ser destruídas.

Na realidade, a palavra de Deus só pode ser recebida, portanto, por aquilo que é da mesma natureza que ela: o coração do crente. Assim se compreende a palavra profética no islã, que afirma que nem o céu nem a Terra podem conter o próprio Deus, mas o coração do servo fiel pode – o coração ou o que os filósofos muçulmanos chamaram de intelecto ou de faculdade profética.

Dizer que a tradução vertical é recepção do Verbo divino por uma língua humana é dar a entender que, a partir do mundo do divino e do inteligível, a palavra "desce" ao sensível dessa língua, na qual sua natureza incriada se reveste de palavras criadas e sua eternidade se torna nossa temporalidade.

"Descida" (*tanzīl*) é um dos nomes do Corão. Portanto, ele é a descida, de uma só vez, da Revelação ao coração do profeta do islã, que era iletrado, conforme ensina a tradição. Em outras palavras, seu coração, para receber de um único golpe "a Escritura da própria mão de Deus", era virgindade e tábula rasa. Mas a Revelação também é o tempo de sua tradução em língua árabe, feita ao longo de 23 anos, fragmento após fragmento, versículo após versículo, saindo literalmente do corpo profético. Trata-se, portanto, ao mesmo tempo, de um *fiat*[9] se produzindo num único momento, fora do tempo, e de uma tradução, durante 23 anos, em sons, letras e palavras que se reuniram para formar o texto corânico.

Podemos considerar que o Corão dá mostras de sua constituição no movimento de "descida" pelas letras isoladas que aparecem no início de certos capítulos, sem que seja possível lhes dar uma significação. Desse modo, o capítulo 2 começa com as letras *a, l* e *m,* pronunciadas *alif, lam, mim*. As letras que se encontram no início do capítulo 20, *ta* e *ha*, podem formar uma palavra, *taha*, à qual não se pode atribuir sentido algum, mas que é tradicionalmente interpretada como um "nome" do profeta. É nesse sentido que se trata de um nome próprio habitual no mundo islâmico. A mesma coisa ocorre com as letras *ya* e *sin*, que abrem o capítulo 36 e formam *yasin*.

Independentemente das interpretações esotéricas que possam ter sido propostas, é possível ler, nessas letras isoladas (que às vezes dão a impressão de que sua junção para formar novas palavras ainda está em curso, sempre em movimento), o sentido daquilo que significa

---

9. No discurso teológico, o termo *fiat* (literalmente, "faça-se") refere-se à vontade de Deus – e à aceitação, por parte do ser humano, dessa vontade. No discurso jurídico, por sua vez, o termo é sinônimo de ordem, decreto. [N. dos T.]

"descida", ou tradução vertical, aquela de uma palavra infinita que não é, portanto, "nem som nem letra"[10], entrando, a partir de sua eternidade, no temporal e na finitude de uma língua humana. *Alif, lam, mim, ta, ha, ya, sin* etc. ainda estariam, em seu isolamento, no limiar que separa o inteligível de sua tradução sensível, provando assim que tradução não é petrificação em tábuas, mas movimento sempre em realização.

Como, então, Moisés ouviu a palavra que Deus lhe dirigiu? É o que pergunta o teólogo Abu Hamid al-Ghazali (1058-1111), Algazel para os latinos, muito conhecido na África Ocidental, assim como em todo o mundo islâmico, onde lhe dão o título de imã Ghazali. Não se pode dizer, prossegue ele, que Moisés a tenha ouvido sob a forma de "som e letra"; portanto, a única resposta é que ele ouviu essa palavra eterna de uma maneira que não é acessível para nós.

> A palavra de Deus está escrita nos livros, guardada nos corações e é recitada pelas línguas. O papel, a tinta, o texto, as letras e os sons são todos acidentes, uma vez que são corpos e modos subsistentes nos corpos, coisas que são, todas, acidentes. Se dissermos que, enquanto atributo do Eterno, ela está escrita nos livros, isso não quer dizer que a palavra eterna resida neles. Do mesmo modo, quando se diz que "fogo" está escrito num livro, a consequência não é que o fogo propriamente dito resida nele. Se o fogo residisse no livro, este seria queimado, e se o fogo propriamente dito residisse na língua daquele que pronuncia "fogo", sua língua seria queimada [...]. Do mesmo modo, a palavra eterna, que subsiste na essência de Deus, é aquilo que é indicado, e não o indicador [...]. Eis por que é

---

10. A expressão "nem som nem letra", usada para se referir à palavra de Deus, é corrente na linguagem da teologia islâmica.

obrigatório respeitar os exemplares do Corão, pois eles contêm índices de um atributo de Deus.[11]

A respeito da distinção entre a palavra que subsiste na essência e aquela que está escrita nos livros, notaremos que o próprio Corão, que com muita frequência é autorreferencial, apresenta a noção de uma "mãe do Livro", a qual se manteria eternamente ao lado de Deus. Tal concepção parece traduzir a ideia de que a matriz que produz a palavra permanece no mundo inteligível e eterno, de onde "desce" para se engajar no sensível e temporal[12].

Não introduzamos, porém, uma dualidade no coração de um Verbo que permaneceria íntegro no inteligível, projetando sua sombra, por assim dizer, sobre o mundo criado do devir. O próprio texto corânico insiste no fato de que a Revelação que ele constitui está concluída, de que ela "desceu" integralmente e nada se perdeu na tradução vertical. É a posição que Thierno, o mestre da escola corânica, expressa com a mais firme convicção: "essas Palavras foram realmente pronunciadas pelo Mestre do Mundo". Essa é também a posição adotada pelos literalistas sobre uma questão teológica controversa que se colocou, desde o último terço do século VII, no mundo islâmico: a de saber se o Corão era uma palavra incriada e eterna de Deus ou se era decerto sua palavra, mas sem

---

11. *Al-Ghazali's Moderation in Belief*. Trad. (para o inglês) Aladdin M. Yaqub. Chicago/Londres: Chicago University Press, 2017, p. 122. [Traduzido da versão de Diagne para o francês.]

12. Assim, quando o vers. 4 do cap. 43 declara que "a mãe do Livro permanece [sempre] ao lado de Deus", alguns comentadores a identificam à "Tábua bem guardada" (segundo outra expressão corânica), de onde, conforme escreve o tradutor do Corão para a língua inglesa, Yusuf Ali, "fluem pelo tempo todas as correntes de saberes e de sabedoria que irrigam a inteligência dos seres criados".

que ela partilhasse a eternidade divina, tendo sido criada, ao contrário, na língua humana em que se encarnou.

Das duas possibilidades apresentadas, a posição racionalista é a segunda. Pode-se constatar que a passagem citada de Ghazali é uma intervenção acerca dessa questão, na qual ele exprime a ideia de que "aquilo que é indicado" é incriado, ao passo que o indicador, constituído de acidentes, é criado. Na controvérsia, essa posição, de um racionalismo que poderíamos qualificar como moderado, é aquela da escola teológica alaxarita, da qual Ghazali é um arauto. Ela se distingue do racionalismo da escola dita mutazilita, a qual sustenta que o Corão é simplesmente criado, bem como da corrente hambalita, a qual recusa tudo o que não é a afirmação literalista de que os versículos corânicos – palavra e enunciação – são iguais àqueles "pronunciados pelo Mestre do Mundo".

E notaremos que o filósofo judeu Maimônides tomou parte nessa reflexão sobre a palavra de Deus e sua tradução em língua humana. Ela é tema, no capítulo XXVI do *Guia dos perplexos*, de seu comentário sobre a máxima talmúdica que declara que "a Torá fala a linguagem dos homens". A Revelação existe, sempre, como tradução na língua "dos filhos de Adão".

Política da tradução horizontal

Acontece que, a partir de Babel, os "filhos de Adão" passam a falar inumeráveis línguas. O que dizer, então, da tradução que chamaremos de *horizontal*, aquela de língua humana a língua humana? Essa questão está intimamente relacionada à do caráter *sagrado* da língua que acolhe a Revelação. Tal caráter e tal status diferenciam essa língua de todas as outras.

O tema da traduzibilidade, da relação entre a língua considerada sagrada e as línguas vernaculares, está no centro da obra *Translating the Message: The Missionary Impact on Culture* [Traduzindo a mensagem: O impacto missionário na cultura], de Lamin Sanneh, teólogo cristão especialista na história das missões[13]. Esse livro é essencialmente uma comparação entre as relações que o islã e o cristianismo mantêm com a tradução da palavra de Deus, em particular no contexto colonial africano. O autor enfatiza o que considera a força do cristianismo: o fato de ter fé na traduzibilidade e de ser movimento contínuo de tradução. Sem perder de vista os exemplos históricos que poderiam ser opostos a essa afirmação, Sanneh sublinha que a tradução sempre acabou por triunfar sobre as reticências à vernacularização da mensagem. Para ele, a experiência de Pentecostes, na qual as multidões ouviram a palavra dos apóstolos, cada um em seu idioma materno, prova que "o cristianismo não tem somente uma língua para a revelação"[14].

No mundo colonial, prossegue Sanneh, é importante notar que a religião cristã adotou plenamente a traduzibilidade e fez disso a arma da missão: a mensagem é traduzida nas línguas africanas, por exemplo, como sempre havia sido naquelas dos povos que a aceitaram sucessivamente. É assim, diz então o teólogo, que "a história é confrontada com algo importante no que diz respeito ao cristianismo, o fato de que sua traduzibilidade contínua fez dele a única grande religião mundial a se tornar periférica na própria terra que a viu nascer"[15].

---

13. L. Sanneh, *op. cit.*
14. *Ibid.*, pp. 256-7.
15. *Ibid.*, p. 5.

Surgem, pois, duas observações nas quais Sanneh insiste especialmente. A primeira é que se deve rejeitar a ideia de que a missão inscreve sua ação na do colonialismo e leva adiante a mesma finalidade de uma negação das culturas e das línguas das populações sob tutela. Ao contrário, sustenta o teólogo – e essa é a segunda observação –, a fé missionária na traduzibilidade equivale ao desenvolvimento e à promoção das línguas vernaculares, dos quais vai se alimentar, aliás, um nacionalismo anticolonial.

Sanneh constrói, portanto, em relação a todos esses aspectos, um contraste entre o cristianismo e o islã. Ele considera que "a instituição missionária" da religião muçulmana é "a escola corânica, onde rapazes e moças aprendem de cor passagens do livro sagrado em árabe. Mais do que a tradução da Escritura, esse foi o modo de expansão do islã pelo mundo"[16]. Sanneh sublinha, assim, aquilo que, para retomar as análises de Pascale Casanova, poderíamos chamar de uma hipercentralidade do árabe nas sociedades muçulmanas. O teólogo chega a afirmar que essas sociedades nutrem em relação à língua árabe "um complexo de inferioridade", porque ela é "a língua revelada do islã"[17]. É dessa forma que ele explica a oposição absoluta, sancionada pelas diferentes escolas jurídicas, a um uso litúrgico, sobretudo para as preces muçulmanas canônicas, de uma língua outra em relação à palavra corânica em árabe, mesmo que esta não seja compreendida pela maioria dos crentes. Mas ele observa também, sem explicar, que a "barreira da língua" não impediu em nada a expansão, que diz ser "impressionante", do islã, o que parece ser a indicação de que "a com-

---

16. *Ibid.*, p. 253.
17. *Ibid.*, p. 255.

preensão do texto sagrado vem depois de sua veneração"[18]. Os Samba Diallo do mundo muçulmano amam a palavra, mesmo (ainda) não traduzida, "por seu mistério e sua sombria beleza".

Sanneh estabelece de forma exagerada um contraste que visa opor uma mensagem cristã – que seria naturalmente aberta à tradução, à interpretação, à atualização contínua e, portanto, à pluralidade – à religião islâmica, que estaria fundada na não traduzibilidade e seria fechada à ideia de interpretação de uma palavra pronunciada, daquele mesmo modo, pelo próprio Deus. O que dizer sobre isso?

É verdade que, diferentemente do texto bíblico, o Corão multiplica as referências à própria língua, declarando sobre ele mesmo (para dar um exemplo entre muitos possíveis): "É a descida verdadeiramente operada pelo Senhor dos universos, transmitida pelo Espírito fiel em teu coração, para que sejas entre todos um dos que avisam, [e isso] em clara língua árabe."[19]

Notaremos que um outro versículo refere-se àqueles que recusaram o fato de Maomé ter recebido uma revelação divina e o acusaram de repetir os ensinamentos de algum personagem misterioso, fingindo que vinham de Deus. A essa acusação, o texto corânico responde que, nesse caso, esse mestre secreto falaria uma língua "bárbara", ao passo que as palavras pronunciadas por Maomé estão "em clara língua árabe": "Sabemos bem que dizem: 'Basta seguir um único homem que ensina.' Ora, a lín-

---

18. *Ibid.*, p. 253.
19. *Le Coran. Essai de traduction*, por Jacques Berque. Paris: Albin Michel, 2002, cap. 26, vers. 192-5. Modifiquei a tradução do trecho que se refere a uma "língua árabe expressiva".

gua daquele que faz a alegação é bárbara, mas este texto está em clara língua árabe."[20]

Esse versículo estabelece uma distinção entre a língua árabe e aquilo que, seguindo a tradução para o francês de Jacques Berque, traduz-se aqui como "bárbaro". A palavra em árabe é *ajami*, que significa "não árabe", "estrangeiro", mas também pode carregar um sentido pejorativo – derivado de um sentido primeiro, de "mudo" – quando é empregada para designar alguém que não sabe o árabe ou o fala mal, ou ainda alguém cuja fala é incompreensível. Quando aparece no Corão, o termo é geralmente traduzido como "não árabe" ou "estrangeiro". Em sua tradução para o francês, Jacques Berque optou pela analogia com a grande divisão feita pelos gregos entre aqueles cuja língua é o próprio *logos*, a razão tornada linguagem, e aqueles cujos idiomas manifestavam, aos seus ouvidos, a ausência de civilização.

O fato de o Corão dizer que ele mesmo está "em clara língua árabe" não significa estabelecer *a priori* a impossibilidade de sua tradução horizontal (isso seria declará-lo incompreensível, uma vez que "compreender é traduzir"), e sim sublinhar que nenhuma tradução, por definição, é *o* Corão. Um Corão não árabe, declarando que está em língua árabe, é um contrassenso, e então podemos compreender por que suas recitações litúrgicas, as quais pedem que ele seja *o* Corão, devem ser efetuadas em "sua" língua.

Mas opor a uma "clara língua árabe" aquelas chamadas de *ajami*, isto é, todas as outras línguas humanas, dá a entender o status sagrado do árabe de duas manei-

---

20. *Ibid.*, 16, 103. A expressão "em clara língua árabe" é a mesma citada no Corão para o versículo precedente (26, 195), razão pela qual mantive, aqui, uma tradução idêntica.

ras diferentes. Ou bem a língua carrega em si, em sua essência, o caráter sagrado que é a razão de ser de sua eleição, ou bem, ao contrário, é o fato de ela ter acolhido a Revelação que a tornou sagrada.

No primeiro caso, a divisão entre a língua eleita e as outras supõe um atributo que pertence a ela, mas falta nas outras. Esse sentido, de uma eleição, resultaria na afirmação de que certas línguas são mais propícias do que outras para receber a palavra de Deus ou simplesmente para tratar da profecia, das realidades espirituais etc.

No segundo caso, ao contrário, o "milagre" da tradução vertical é explicado como aquele da recepção, por uma língua simplesmente humana, semelhante a todas as outras, da palavra eterna. A própria sacralidade se inscreve, pois, na pluralidade das línguas humanas equivalentes[21].

A ajamização da palavra

É significativo que Lamin Sanneh, ao falar do "complexo de inferioridade" linguística, tenha evocado, naquilo que é decerto um lapso de sua escrita, o árabe como "a língua revelada do islã". É preciso corrigir essa proposição: o que se revelou não foi a língua, mas a mensagem. Ainda que o árabe seja a língua do Corão, a língua do islã são todas as línguas.

O lapso não deixa de indicar a existência, no mundo muçulmano, de um etnonacionalismo linguístico que considera que as línguas devem ser organizadas em tor-

---

21. É razoável pensar que é nesse sentido que fala o próprio texto corânico quando declara que a diferença das línguas e das cores humanas está entre os sinais de Deus (30, 22).

TRADUZIR A PALAVRA DE DEUS

no de uma "hipercentralidade" do árabe, promovendo a periferização das outras, e até mesmo que certas línguas são ainda mais *"ajami"* que outras. Em especial as línguas africanas, tidas por esse etnocentrismo como intrinsecamente pagãs, encontram-se, assim, na periferia da periferia.

Entre os diferentes sentidos possíveis da palavra *ajami*, há um emprego que, desde o período pré-islâmico, designa os persas. Com a expansão do islã e a adoção, em todo o mundo muçulmano, do alfabeto da língua corânica, ela passou a significar uma literatura não árabe, mas escrita com os caracteres árabes. A expansão do islã também teve como resultado um "estabelecimento de relação" entre o árabe e múltiplos *ajami* – persa, turco, urdu, fula, mandê etc. –, conforme evidenciam as hibridações sofridas por essas línguas em consequência das traduções. Desse modo, palavras do léxico árabe são numerosas nos idiomas africanos, no interior dos quais, aliás, desenvolveram-se registros linguísticos específicos, decorrentes de um uso erudito e quase litúrgico da língua – quando, por exemplo, ela é empregada para traduzir e comentar o Corão, ensinar obras teológicas e escrever poesia mística[22].

A obra em uólofe do poeta senegalês Moussa Ka (c. 1889-1963) afirma emblematicamente a pluralidade das línguas do islã, opondo ao modelo etnocêntrico o movimento que Fallou Ngom chamou de *ajamização* (*ajamisa-*

---

22. Tal Tamari dedicou importantes trabalhos a esses desenvolvimentos. Ver, por exemplo, seu estudo intitulado "L'enseignement de l'unicité divine expliqué en bambara. Un commentaire oral sur la *Umm al-Barāhīn* de Muhammad as-Sanūsī", in *Islam et sociétés au sud du Sahara*, vol. 5: Jean-Louis Triaud e Constant Hamès (orgs.), *Afrique subsaharienne et langue arabe*. Paris: Les Indes savantes, 2019, pp. 79-218.

tion)[23]. A seguinte proposição desse poeta místico é citada frequentemente:

> Deixem-me dizer isto àqueles que afirmam que o uólofe não é adequado
> Versificar em uólofe, na língua nobre ou em qualquer outra língua é a mesma coisa
> Uma vez que se prestam a cantar o profeta de Deus, todas veem sua essência enobrecida.[24]

A questão última é exatamente aquela colocada pela obra em *wolofal* de Moussa Ka[25]. A *ajamização* manifesta o valor da multiplicidade, afirmando a igual "nobreza" das línguas humanas e seu enobrecimento contínuo pela tradução. E é esse movimento, esse modo particular de traduzir, que está, como a escola corânica, no princípio da expansão do islã. Pois ele não é perda de sentido, mas seu aprofundamento, mantendo a palavra e conservando o "verdadeiro original", do qual falou Espinosa.

---

23. Fallou Ngom, *Muslims beyond the Arab World: The Odyssey of 'Ajamī and the Murīdiyya'*. Oxford: Oxford University Press, 2016.

24. Fallou Ngom reproduz o poema de Moussa Ka intitulado "Taxmiis bub Wolof" [O *takhmīs* uólofe], "composto a partir do modelo da forma poética em árabe chamada *takhmīs* (indicando sua decupagem em seções de cinco versos)", no qual ele canta a igualdade de todas as línguas e lembra a afirmação corânica de que "a diversidade etnolinguística é um aspecto da misericórdia divina pela humanidade" (*ibid.*, pp. 60-2).

25. *Wolofal* é o nome em uólofe da literatura *ajami* nessa língua.

CONCLUSÃO
A LÍNGUA DAS LÍNGUAS

> [...] fui chamado a me interessar pela sua comunidade, e você a se interessar pela minha, e fomos chamados a construir e tecer relações efetivamente humanas – e não relações abstratas, que, no fim das contas, serão sempre apenas relações de mercado.[1]
>
> JEAN-TOUSSAINT DESANTI

Esta declaração de Umberto Eco é frequentemente repetida: "A língua da Europa é a tradução." Já esta, de Ngũgĩ Wa Thiong'o, é certamente menos proverbial: "A tradução é a língua das línguas, uma língua por meio da qual todas as línguas podem se falar."[2]

Para Tiphaine Samoyault, a formulação de Eco é decerto "eficaz", mas "falsa"[3]: a tradução não é uma língua, como também não o são os "intérpretes" automáticos, que permitem ouvir num idioma as frases de outro, ao qual não precisaríamos mais realmente prestar atenção. Semelhante "tradução" não convida ao conhecimento de outras línguas: ela o substitui[4].

Já a declaração de Thiong'o não somente é uma ampliação da afirmação de Eco para a humanidade inteira

---

1. Jean-Toussaint Desanti, "Négritude au-delà", in Annick Thébia-Melsan (org.), *Aimé Césaire, op. cit.*, p. 55.
2. Ngũgĩ Wa Thiong'o, *Something Torn and New: An African Renaissance*. Nova York: Basic Civitas Books, 2009, p. 96.
3. Tiphaine Samoyault, *Traduction et violence*. Paris: Seuil, 2020, p. 19.
4. "A tradução substituiria o conhecimento de outras línguas", assim escreve T. Samoyault (*ibid.*).

como também convida as línguas não a se ignorarem, mas a se "falarem" pela tradução. No trabalho de tradução, as línguas se conhecem mutuamente. De língua a língua.

Não deve surpreender que o nacionalismo de Thiong'o, militante das línguas africanas em sua pluralidade contra o colonialismo linguístico, seja também um elogio da tradução compreendida dessa maneira. O "remembramento"[5] da África é uma tarefa e um combate pela unidade fundada no pluralismo. É a razão do que poderíamos chamar de seu otimismo da tradução.

As páginas anteriores foram ditadas por esse mesmo otimismo da tradução, compreendida de acordo com a definição de Antoine Berman como "estabelecimento de relação" entre línguas. Eis por que encontramos tal expressão numerosas vezes ao longo destas páginas.

Mas é preciso reforçar: otimismo não é ingenuidade.

Pois nada disso significa ignorar que o "estabelecimento de relação" entre as línguas pode ser um beijo da morte. De fato, que as línguas possam morrer em razão desse contato, as chamadas línguas *extintas* estão aí – ou melhor, não estão mais aí – para comprovar. Assim, no Senegal, o projeto Senelangues[6] assinalou que a língua *bapen* era considerada, a partir daquele momento, extinta. Ela agora não existe mais. A linguista Adjaratou

---

5. *Remembering*, empregada frequentemente pelo escritor queniano, é a palavra inglesa para se referir ao mesmo tempo, na medida em que permitem os sentidos possíveis do termo, a um trabalho de *memória* e a um movimento de *unificação*. [N. dos T.: Diagne utiliza o termo francês *remembrement*.]

6. Trata-se de um projeto do CNRS [Centro Nacional de Pesquisa Científica] dirigido pela linguista Stéphane Robert e dedicado às línguas do Senegal.

CONCLUSÃO

O. Sall encontrou uma mulher que ainda sabia cantos nessa língua. Mas eram realmente cantos de cisne, pois nem a mulher em questão os compreendia mais.

Com o *bapen*, é todo um mundo que foi embora, levado pelo movimento de uolofização das culturas e línguas senegalesas. Constatamos que movimentos dessa natureza existem no universo das línguas, mas isso não significa que ele se encontre num estado tal em que reine a guerra entre todas as línguas. A surda violência que uma língua como o uólofe, por sua natureza mesma de língua franca desterritorializada, pode exercer contra um idioma vulnerabilizado pelo pequeno número de seus locutores não é um contra-argumento à ética do "estabelecimento de relação" entre as línguas pela tradução. Pelo contrário, o trabalho de tradução é uma das respostas às consequências da dominação linguística. Sua ética da reciprocidade também é uma dimensão do combate político contra a desigualdade.

Tampouco se trata de ignorar que a tradução possa ser perversa e se apresente, às vezes, como uma verdadeira declaração de guerra. O modelo disso é a primeira tradução do Corão para o latim, patrocinada e coordenada por Pedro, o Venerável, abade de Cluny. O fato de ele ter ido até a Espanha em 1142, ano que precede a publicação do trabalho, apenas para encontrar a equipe de tradutores que tinha formado, é um evento cheio de significados.

Em primeiro lugar, essa data marcava o início do que o próprio abade considerava a guerra contra o islã por outros meios: intelectuais e, antes de mais nada, tradutórios. Em segundo lugar, a iniciativa ocorreu na Espanha, isto é, numa "zona de tradução"[7], conforme a

---

7. Emily Apter, *Zones de traduction. Pour une nouvelle littérature comparée*. Trad. Hélène Quiniou. Paris: Fayard, 2015 [2006].

expressão forjada por Emily Apter, o que mostra que, se o contato entre as culturas favorece a tradução, esta também pode se revelar como uma violência.

O trabalho de Pedro, o Venerável, no qual se pode ver um fundamento do que se convencionou chamar de "islamofobia erudita", foi uma tradução de execração. Conforme proclamou o abade, o objetivo era dar a ler em latim a falsidade, a heresia e a infâmia do original. Isso só tornava mais irônico o que ele apresentava como uma preocupação com a "fidelidade", insistindo na decisão de integrar à sua equipe de tradutores um autêntico "sarraceno", o qual, como se pode imaginar, chamava-se... Mohammed.

É óbvio que a dita preocupação com a fidelidade de uma tradução que começa por "restituir" em 124 suras um texto que originalmente comporta 114 dificilmente resiste à tentação de considerar tal versão uma caricatura.

Constataremos que essa tradução é traição, não no sentido de *traduttore, traditore*, mas porque trai aquilo que, de acordo com a ética, ela deveria ser: *princípio de caridade*, segundo Quine; *respeito*, segundo Appiah. Consequentemente, a resposta a uma tradução violenta é uma tradução hospitaleira. O que se opõe, assim, à tradução de execração de Pedro, o Venerável, são todas as traduções posteriores do Corão nos idiomas europeus, as quais buscaram a fidelidade movidas por uma verdadeira preocupação em conhecer o outro. Um modelo disso é a tradução de Jacques Berque.

O remédio para a tradução violenta é a tradução, porque o remédio para a dispersão em clãs e tribos é a humanidade.

Essa dispersão é apresentada no mito bíblico de Babel como o resultado do desmoronamento da torre construída pela *hybris* dos homens, o que também marcou o fim de uma humanidade una, conectada por uma única língua adâmica. No Corão não há esse mito de Babel, e nele a diferença dos clãs e das tribos é, ao contrário, o dado inicial. "Fizemos de vocês nações e tribos para que se conhecessem uns aos outros", diz um versículo corânico (49, 13). Somos, de partida, um instinto de tribo, naturalmente voltados para aqueles que se parecem conosco e falam nossa língua, conforme nos lembra Bergson, que nos diz também, no mesmo espírito desse versículo, que cabe a nós realizar, portanto, a "sociedade aberta", capaz de descentralizar as tribos. A humanidade não é o objeto de nossa nostalgia, mas nosso horizonte e nossa tarefa. Se Deus criou as tribos, cabe a nós construir a humanidade.

Para essa tarefa, claro, a tradução não é suficiente, mas contribui.

Ela não é suficiente porque passar dos etnonacionalismos à humanidade supõe, também, combater a força de dissociação que são as desigualdades. Ao proclamar a "humanidade", Jean Jaurès fazia dela um combate – o combate do socialismo. Na mesma toada, Léopold Sédar Senghor, como defensor convicto da "civilização do universal", dizia que tal civilização exigia que lutássemos principalmente contra a fratura que ele chamava de "ordem da injustiça que rege as relações entre o Norte e o Sul". Senghor escreveu que, antes de ser econômica, essa ordem era cultural, baseada no "desprezo". Aliás, não temos hoje um exemplo a mais disso com a injustiça vacinal vivida em nosso mundo atingido pela covid-19?

Mas a tradução contribui para a tarefa de tornar real a humanidade, e faz até mais do que isso: ela se identifica com essa tarefa – justamente porque seu trabalho é o de se opor ao *apartheid* para abrir a tribo ao conhecimento mútuo, porque ela é "a operação pela qual as culturas [...] se tornam estrangeiras a si mesmas, diferenciando-

-se de si mesmas – estrangeiras para as imagens fixas que elas fazem de si mesmas"[8]. Descentrar-se para se abrir ao princípio de humanidade: esse é de fato todo o preço da "prova do estrangeiro". E, como poderia dizer um heptápode ao deixar a Terra, depois de ter aprendido a nos conhecer (ao ler, claro, nossos clássicos): *sic itur ad astra* [assim se chega às estrelas].

---

8. Marc Crépon, "Mémoires d'empire (exploitations, importations, traductions)", *Transeuropéennes*, n. 22 (*Traduire, entre les cultures*), primavera-verão 2002, pp. 45-58. Crépon se reporta às culturas europeias. Ao omitir esse adjetivo na citação, amplio a afirmação, no espírito de seu autor, às culturas em geral. E, como ele, tomo emprestado o uso feito aqui do conceito de *apartheid* a Étienne Balibar ("Le droit de cité ou l'apartheid?", in *Nous, Citoyens d'Europe?*. Paris: La Découverte, 2001).

AGRADECIMENTOS

Em 2015, fui convidado pelo Instituto Frobenius, da Universidade de Frankfurt, para dar, em inglês, em todas as segundas-feiras de 20 de abril a 1º de junho, uma série de conferências sobre o tema da "tradução". Essas "Jensen Memorial Lectures" forneceram a matéria para esta obra. Agradeço aos professores Karl-Heinz Kohl e Mamadou Diawara, bem como a toda a equipe do instituto, pelo convite e pela hospitalidade. Agradeço também ao Instituto de Estudos Avançados de Nantes, que acolheu e fomentou o trabalho de transformação dessas conferências numa obra, a qual também deve muito a Peter Connor, com quem ofereço regularmente em Columbia um curso sobre filosofia da tradução. A Peter e aos estudantes, manifesto toda a minha gratidão. Obrigado, finalmente, a Barbara Cassin, com quem caminho na trilha – aberta por ela – dos "intraduzíveis".

LISTA DE OBRAS CITADAS

AKA-EVY, Jean-Luc. *Créativité africaine et primitivisme occidental*. Paris: L'Harmattan, 2018.

AMBROISE, Bruno. "L'impossible trahison. Signification et indétermination de la traduction chez Quine", *Noesis*, n. 13, 2008.

APTER, Emily. *Zones de traduction. Pour une nouvelle littérature comparée*. Trad. Hélène Quiniou. Paris: Fayard, 2015.

AUSTEN, Ralph. "Africans Speak, Colonialism Writes: The Transcription and Translation of Oral Literature before World War II", in *Discussion Papers in the African Humanities*. Boston, MA: African Studies Center, Boston University, 1990.

____. "Interpreters Self-Interpreted: The Autobiographies of Two Colonial Clerks", in B. Lawrance, E. Osborn e R. Roberts (orgs.). *Intermediaries, Interpreters, and Clerks: African Employees in the Making of Colonial Africa*. Madison, WI: University of Wisconsin Press, 2006.

BÂ, Amadou Hampâté. *Vie et enseignement de Tierno Bokar. Le Sage de Bandiagara*. Paris: Seuil, 1980.

BALIBAR, Étienne. "Le droit de cité ou l'apartheid?", in *Nous, Citoyens d'Europe?*. Paris: La Découverte, 2001.

BENVENISTE, Émile. "Catégories de pensée et catégories de langue", *Les Études Philosophiques*, nova série, ano 13, n. 4, out.-dez. 1958. [Ed. bras.: "Categorias de pensamento e categorias de língua", in *Problemas de linguística geral I*. Trad. Maria da

Glória Novak e Maria Luiza Neri. Campinas: Pontes, 1991, pp. 68-80.]

BERGSON, Henri. *Les Deux Sources de la morale et de la religion*. Paris: Presses Universitaires de France, 1976 [1932]. [Ed. bras./port.: *As duas fontes da moral e da religião*. Trad. Miguel Serras Pereira. Coimbra/São Paulo: Edições 70/Almedina, 2019.]

BERMAN, Antoine. *L'Épreuve de l'étranger. Culture et traduction dans l'Allemagne romantique*. Paris: Gallimard, 1984. [Ed. bras.: *A prova do estrangeiro: Cultura e tradução na Alemanha romântica – Herder, Goethe, Schlegel, Novalis, Humboldt, Schleiermacher, Hölderlin*. Trad. Maria Emília Pereira Chanut. Bauru: Edusc, 2002.]

____. *La Traduction et la lettre, ou L'Auberge du lointain*. Paris: Seuil, 1999. [Ed. bras.: *A tradução e a letra ou O albergue do longínquo*. Trad. Marie-Hélène Catherine Torres, Mauri Furlan e Andréia Guerini. Rio de Janeiro: 7 Letras/PGET, 2007.]

BHABHA, Homi. *The Location of Culture*. Londres/Nova York: Routledge, 2004 [1994]. [Ed. bras.: *O local da cultura*. Trad. Myriam Avila, Eliane Livia Reis e Glauce Gonçalves. Belo Horizonte: Editora UFMG, 2018.]

BONNAY, Denis e LAUGIER, Sandra. "La logique sauvage de Quine à Lévi-Strauss", *Archives de Philosophie*, vol. 66, n. 1, 2003.

BOOLE, George. *Les Lois de la pensée*. Trad., introd. e notas Souleymane Bachir Diagne. Paris: Vrin, 1992.

CASANOVA, Pascale. *La Langue mondiale. Traduction et domination*. Paris: Seuil, 2015. [Ed. bras.: *A língua mundial: Tradução e dominação*. Trad. Marie-Hélène Catherine Torres. Brasília: Editora da UnB, 2021.]

CASSIN, Barbara. *Éloge de la traduction*. Paris: Fayard, 2016. [Ed. bras.: *Elogio da tradução*. Trad. Daniel Falkembach e Simone Petry. São Paulo: WMF Martins Fontes, 2022.]

____ (org.). *Vocabulaire européen des philosophies. Dictionnaire des intraduisibles*. Paris: Seuil/Le Robert, 2004. [Ed. bras.: *Dicionário dos intraduzíveis*, vol. 1: *Línguas*. Belo Horizonte: Autêntica, 2018.]

____ (org.). *Après Babel, traduire*. Arles: Actes Sud/Mucem, 2016.

CASSIN, Barbara e WOZNY, Danièle. *Les Maisons de la sagesse--Traduire. Une nouvelle aventure*. Paris: Bayard, 2021.

CENDRARS, Blaise. *Anthologie nègre, suivi de Petits Contes nègres pour les enfants des blancs, Comment les Blancs sont d'anciens noirs et de La Création du monde*. Prefácio e notas Christine Le Quellec Cottier. Paris: Denoël, 2005. [Publicado parcialmente no Brasil em *Pequenos contos negros*. Trad. Priscila Figueiredo. São Paulo: SM, 2014.]

CHIANG, Ted. *Story of your Life and Others*. Easthampton, MA: Small Beer Press, 2010. [Ed. bras.: *História da sua vida e outros contos*. Trad. Edmundo Barreiros. Rio de Janeiro: Intrínseca, 2016.]

____. "Entretien", *The Believer*, n. 128, 2 dez. 2019.

CÍCERO. *Des Termes extrêmes des biens et des maux*. Est. do texto e trad. Jules Martha. Paris: Les Belles Lettres, 1928. [Ed. bras.: *Do sumo bem e do sumo mal*. Trad. Carlos Ancêde Nougué. São Paulo: WMF Martins Fontes, 2020.]

CITTON, Yves. *Médiarchie*. Paris: Seuil, 2017.

COHEN, Joshua. "Fauve Masks: Rethinking Modern 'Primitivist' Uses of African and Oceanic Art, 1905-8", *The Art Bulletin*, vol. 99, n. 2, jun. 2017.

____. *The "Black Art" Renaissance: African Sculpture and Modernism Across Continents*. Oakland: University of California Press, 2020.

CORAN (Le). Essai de traduction, por Jacques Berque. Paris: Albin Michel, 2002.

CRÉPON, Marc. "Mémoires d'empire (exploitations, importations, traductions)", *Transeuropéennes*, n. 22 (*Traduire, entre les cultures*), primavera-verão 2002.

DADIÉ, Bernard. *Le Pagne noir: Contes africains*. Paris: Présence Africaine, 1955.

DAGEN, Philippe. *Primitivismes. Une invention moderne*. Paris: Gallimard, 2019.

DERRIDA, Jacques. "Le supplément de copule: La philosophie devant la linguistique", *Langages*, n, 24, dez. 1971. [Ed. bras.: "O suplemento de cópula", in *Margens da filosofia*. Trad. Joaquim Torres Costa e António M. Magalhães. Campinas: Papirus, 1991.]

DIAGNE, Souleymane Bachir. *Comment philosopher en islam?*. Paris: Philippe Rey/Jimsaan, 2013.

____. "Décoloniser l'histoire de la philosophie", *Cités*, n. 72, 2017.
____. "Musée des mutants", *Esprit*, n. 406, jul.-ago. 2020.
DIOP, Birago. *Les Contes d'Amadou Koumba*. Paris: Présence Africaine, 1947.
____. *Les Nouveaux Contes d'Amadou Koumba*. Paris: Présence Africaine, 1958.
DROIT, Roger-Pol. *Un Voyage dans les philosophies du monde*. Paris: Albin Michel, 2021.
ELAMRANI-JAMAL, Abdelali. *Logique aristotélicienne et grammaire arabe*. Paris: Vrin, 1983.
ÉQUILBECQ, François-Victor. *Essai sur la littérature merveilleuse des Noirs, suivi de Contes indigènes de l'Ouest africain français*. Paris: Ernest Leroux, 1913.
ESPINOSA, Baruch de. *Œuvres*, t. II. Trad. Charles Appuhn. Paris: Robert Laffont, 2019. [Ed. bras.: *Tratado teológico-político*. Trad., introd. e notas Diogo Pires Aurélio. São Paulo: Martins Fontes, 2003.]
FREGE, Gottlob. *Posthumous Writings*. Hoboken, NJ: Wiley, 1991.
GHAZALI, Abu Hamid al-. *Al-Ghazali's Moderation in Belief*. Trad. (para o inglês) Aladdin M. Yaqub. Chicago/Londres: Chicago University Press, 2017.
GIKANDI, Simon. "Picasso, Africa, and the Schemata of Difference", *Modernism/Modernity*, vol. 10, n. 3, 2003.
HOUNTONDJI, Paulin. "Langues africaines et philosophie: L'hypothèse relativiste", *Les Études Philosophiques*, n. 4, out.-dez. 1982.
KAGAME, Alexis. *La Philosophie bantu-rwandaise de l'Être*. Bruxelas: Académie Royale des Sciences Coloniales, 1956.
____. *La Philosophie bantu comparée*. Paris: Présence Africaine, 1976.
KANE, Cheikh Hamidou. *L'Aventure ambiguë*. Paris: 10/18, 2011. [Ed. bras.: *Aventura ambígua*. Trad. Wamberto Hudson Ferreira. São Paulo: Ática, 1984.]
KODJO-GRANDVAUX, Séverine. *Philosophies africaines*. Paris: Présence Africaine, 2013. [Ed. bras.: *Filosofias africanas*. Trad. Bernardo Tavares dos Santos *et al.* Florianópolis: Cultura e Barbárie, 2021.]

LAUGIER, Sandra. *L'Anthropologie logique de Quine. L'apprentissage de l'obvie*. Paris: Vrin, 1992.

LEFEBVRE, Jean-Pierre. "Philosophie et philologie: Les traductions des philosophes allemands", in *Encyclopædia universalis*, Symposium, vol. I: *Les Enjeux*. Paris, 1990.

LÉVY-BRUHL, Lucien. *La Morale et la science des mœurs*. Paris: Félix Alcan, 1903.

LOMBEZ, Christine. *La Seconde Profondeur. La traduction poétique et les poètes traducteurs en Europe au XXe siècle*. Paris: Les Belles Lettres, 2016.

MACAULAY, Thomas. "Minute on Indian Education", in B. Ashcroft, G. Griffiths e H. Tiffin (orgs.). *The Postcolonial Studies Reader*. Nova York: Routledge, 1994.

MAIMÔNIDES. *Guia dos perplexos*. Trad. Yosef Flavio Horwitz. São Paulo: Sêfer, 2018.

MALRAUX, André. *La Tête d'obsidienne*. Paris: Gallimard, 1974. [Ed. bras.: *A cabeça de obsidiana: Malraux diante de Picasso*. Trad., pref. e notas Edson Rosa da Silva. Rio de Janeiro, Editora UFRJ, 2021.]

NGOM, Fallou. *Muslims beyond the Arab World: The Odyssey of 'Ajamī and the Murīdiyya'*. Oxford: Oxford University Press, 2016.

NIETZSCHE, Friedrich. *Œuvres complètes*, t. VII. Paris: Gallimard, 1967-1997.

OST, François. *Traduire: Défense et illustration du multilinguisme*. Paris: Fayard, 2009.

QUINE, Willard van Orman, *Pursuit of Truth*. Cambridge, MA: Harvard University Press, 1992.

_____. *Le Mot et la chose*. Trad. Joseph Dopp e Paul Gochet. Paris: Flammarion, 2010. [Ed. bras.: *Palavra e objeto*. Trad. Sofia Inês Albornoz Stein. Petrópolis: Vozes, 2010.]

RICŒUR, Paul. *Sur la Traduction*. Paris: Bayard, 2004. [Ed. bras.: *Sobre a tradução*. Trad. e pref. Patrícia Lavelle. Belo Horizonte: Editora UFMG, 2011.]

RUBIN, William (org.). *"Primitivism" in 20th Century Art: Affinity of the Tribal and the Modern*. Nova York: Museum of Modern Art, 1984.

SAMOYAULT, Tiphaine. *Traduction et violence*. Paris: Seuil, 2020.

SANNEH, Lamin. *Translating the Message: The Missionary Impact on Culture*. 2ª ed. Nova York: Orbis, 2015.

SAPIRO, Gisèle. *Translatio. Le marché de la traduction en France à l'heure de la mondialisation*. Paris: CNRS Éditions, 2016.

SARR, Felwine e SAVOY, Bénédicte. *Restituer le Patrimoine africain*. Paris: Philippe Rey/Seuil, 2018.

SAVOY, Bénédicte. *Africa's Struggle for its Art: History of a Postcolonial Defeat*. Trad. (do alemão para o inglês) Susanne Meyer-Abich. Princeton/Oxford: Princeton University Press, 2021. [Ed. bras.: *A luta da África por sua arte: História de um malogro pós-colonial*. Trad. Felipe Vale da Silva. Campinas: Editora Unicamp, 2022.]

SENGHOR, Léopold Sédar. *Liberté*, vol. I: *Négritude et humanisme*. Paris: Seuil, 1964.

____. *Anthologie de la nouvelle poésie nègre et malgache de langue française* (precedido de "Orphée noir", de Jean-Paul Sartre). Paris: Presses Universitaires de France, 1969.

SENGHOR, Léopold Sédar e SADJI, Abdoulaye. *La Belle Histoire de Leuk-le-Lièvre*. Paris: Hachette, 1953.

STEINER, George. *Après Babel. Une poétique du dire et de la traduction*. Trad. Lucienne Lotringer e Pierre-Emmanuel Dauzat. Paris: Albin Michel, 1998. [Ed. bras.: *Depois de Babel: Questões de linguagem e tradução*. Trad. Carlos Alberto Faraco. Curitiba: Editora UFPR, 2005.]

TAMARI, Tal. "L'enseignement de l'unicité divine expliqué en bambara. Un commentaire oral sur la *Umm al-Barāhīn* de Muhammad as-Sanūsī", in *Islam et sociétés au sud du Sahara*, vol. 5: Jean-Louis Triaud e Constant Hamès (orgs.). *Afrique subsaharienne et langue arabe*. Paris: Les Indes savantes, 2019.

THÉBIA-MELSAN, Annick (org.). *Aimé Césaire: Pour regarder le siècle en face*. Paris: Maisonneuve & Larose, 2000.

WA THIONG'O, Ngũgĩ. *Something Torn and New: An African Renaissance*. Nova York: Basic Civitas Books, 2009.

____. *Décoloniser l'Esprit*. Paris: La Fabrique Éditions, 2011.

WIREDU, Kwasi. *Cultural Universals and Particulars*: *An African Perspective*. Bloomington/Indianápolis: Indiana University Press, 1996.

Este livro foi composto na fonte Palatino LT Std e impresso pela gráfica Printi, em papel Lux Cream 80 g/m², para a Editora WMF Martins Fontes, em junho de 2025.